प्लंबर हिंन्दी MCQ

मनोज डोळे

Made with ♥ on the Notion Press Platform
www.notionpress.com

डिजिटाइजेशन समय की मांग है। भविष्य में, प्रशिक्षण को अधिक सुविधाजनक और आसान बनाने के लिए ऑनलाइन इंटरनेट का उपयोग करके औद्योगिक प्रशिक्षण संस्थानों में प्रशिक्षण आयोजित करने की आवश्यकता होगी। एमसीक्यू प्रश्नों के एक सेट वाली ई-पुस्तकें प्रशिक्षुओं को उपलब्ध कराई जाएंगी क्योंकि उन्हें अपने औद्योगिक प्रशिक्षण संस्थानों में होने वाली ऑनलाइन परीक्षाओं की तैयारी के लिए बहुविकल्पीय प्रश्नों एमसीक्यू के अधिक आदी होने की आवश्यकता है।

इन सब बातों को ध्यान में रखते हुए औद्योगिक प्रशिक्षण संस्थान सतारा के प्रशिक्षक श्री मनोज मधुकर डोले ने नई वार्षिक प्रणाली और एनएसक्यूएफ-5 पाठ्यक्रम के अनुसार पुस्तकें लिखी हैं। और उन्होंने प्रशिक्षण को आसान बनाने के लिए सैद्धांतिक मोबाइल ऐप और ब्लॉग बनाए हैं, और इन सभी शैक्षिक सामग्री को विश्व प्रसिद्ध वेबसाइटों Google Play Store, Amazon और Apple Book Store पर डाउनलोड के लिए उपलब्ध कराया है।

पुस्तकों का प्रकाशन माननीय सहसंचालक श्री राजेंद्र घुमे साहेब प्रादेशिक व्यावसायिक शिक्षण व प्रशिक्षण कार्यालय, पुणे द्वारा दिनांक 9/1/2019 को किया गया, इस समय श्री प्रकाश सहगवकर साहब प्राचार्य शासकीय औद्योगिक प्रशिक्षण संस्थान औंध पुणे, श्री तुकाराम मिसाल साहेब प्राचार्य सरकार प्र. संस्था सतारा, श्री सचिन धूमल साहब जिला व्यावसायिक शिक्षा एवं प्रशिक्षण अधिकारी सतारा, श्री यतिन परगांवकर साहब प्राचार्य शासन. Q. संस्था कोल्हापुर, श्री विकास टेक साहब इंस्पेक्टर वोकेशनल एजुकेशन एंड ट्रेनिंग रीजनल ऑफिस पुणे, पालेकर फूड्स प्रोडक्ट्स प्रा. लि. सतारा के उद्यमी अध्यक्ष श्री नीलकंठराव पालेकर साहब, हीरा फूड्स के अध्यक्ष श्री इब्राहिम बाबा तंबोली साहब, श्रीमती शाल्मली पवार मुख्याध्यापिका शासकीय तकनीकी विद्यालय केंद्र सतारा सहित अन्य गणमान्य व्यक्ति इस अवसर पर उपस्थित थे।

क्रम-सूची

प्रस्तावना

प्लंबर हिंन्दी MCQ आईटीआई और इंजीनियरिंग कोर्स प्लम्बर, संशोधित एनएसक्यूएफ पाठ्यक्रम के लिए एक सरल पुस्तक है , इसमें रेखांकित और बोल्ड सही उत्तरों के साथ वस्तुनिष्ठ प्रश्न हैं, एमसीक्यू में सभी विषयों को शामिल किया गया है, जिसमें शुरुआत में बुनियादी फिटिंग के बारे में नवीनतम और महत्वपूर्ण और उम्मीदवार ने प्रशिक्षण प्रदान किया है। संबद्ध व्यापार जैसे, बढ़ई, वेल्डिंग (गैस और आर्क), चिनाई जो बहु-कौशल की ओर ले जाती है। बुनियादी फिटिंग में प्रदान किए गए कौशल में अंकन, काटने का कार्य, चिपिंग, फाइलिंग, माप, सोल्डरिंग, ब्रेजिंग, ड्रिलिंग, पीस और सभी सुरक्षा पहलुओं का अवलोकन अनिवार्य है। हासिल की गई सटीकता ±0.25 मिमी है। सुरक्षा पहलुओं में OSH&E, PPE, अग्निशामक यंत्र, प्राथमिक उपचार आदि जैसे घटक शामिल हैं। विभिन्न कोणों में पाइप काटना। विभिन्न व्यास और कोणों के पाइपों को गैस वेल्डिंग द्वारा जोड़ना, विभिन्न प्रकार के धागों को काटना

पाइप और फिटिंग सहायक उपकरण। ईंट की दीवार और आरसीसी कास्टिंग बनाना। पाइप लाइन को छुपाने के लिए ईंट की दीवार काटना । पाइपों को मोड़ना, जल वितरण के लिए पाइप लाइन सर्किट बनाना, कॉक्स और वाल्व को ठीक करना, जल विश्लेषण परीक्षण, जल दबाव परीक्षण सिखाया जा रहा है। ह्यूम्ड एस्बेस्टस पाइपलाइन का संरेखण और बिछाने और ड्रेनेज पाइप लाइन का रखरखाव। इलेक्ट्रिक पंपों की स्थापना और रखरखाव, निरीक्षण कक्ष, मैनहोल, गटर, सेप्टिक टैंक, सॉकेट आदि का निर्माण। जल निकासी पाइप का परीक्षण, लीकेज पाइप लाइन को हटाना, वाल्व और मुर्गा की स्थापना, फिक्सिंग और रखरखाव, पानी के मीटर, फिक्स्चर, गर्म और ठंडे पानी की पाइप लाइन, अपशिष्ट पाइप लाइन की मरम्मत और मरम्मत, मरम्मत और मरम्मत, सैनिटरी फिटिंग की स्क्रैपिंग और पेंटिंग और बहुत कुछ।

हम प्रत्येक नए संस्करण के साथ नए प्रश्न उत्तर जोड़ते हैं। किसी भी त्रुटि/चूक के मामले में कृपया हमें ईमेल करें। यह यकीनन सभी इंजीनियरिंग बहुविकल्पीय प्रश्नों और उत्तरों के लिए सबसे बड़ी और सर्वश्रेष्ठ पुस्तक है।

एक छात्र के रूप में आप इसे अपनी परीक्षा की तैयारी के लिए उपयोग कर सकते हैं। यह पुस्तक प्रोफेसरों के लिए सामग्री को ताज़ा करने के लिए भी उपयोगी है।

भूमिका

डीजीईटी नई दिल्ली और सीएसटीएआरआई कोलकाता अगस्त 2018 सत्र से आईटीआई में सभी व्यवसायों के लिए एक वार्षिक पैटर्न लागू कर रहे हैं। परीक्षा प्रणाली में भी बदलाव किया जाएगा और यह इस साल से ऑनलाइन हो जाएगी और चूंकि सभी प्रश्न वस्तुनिष्ठ प्रकार (एमसीक्यू) के हैं, इसलिए प्रशिक्षुओं को गहन अध्ययन की सख्त जरूरत है। इसे ध्यान में रखते हुए हमें पुराने NIMI पैटर्न पर आधारित पुस्तकें और नए वार्षिक पैटर्न का संपूर्ण अवलोकन प्रस्तुत करते हुए प्रसन्नता हो रही है, और हम आशा करते हैं कि ये पुस्तकें सभी व्यावसायिक निदेशकों और प्रशिक्षुओं के लिए एक मार्गदर्शक होंगी। है।

इन पुस्तकों को लिखने के लिए आईटीआई अकलुज के प्राचार्य जोहर अवाटे साहब ने कहा। आईटीआई सतारा सहगवकर साहब के पूर्व प्राचार्य, सहायक निदेशक श्री चंद्रकांत ढेकने साहेब क्षेत्रीय व्यावसायिक शिक्षा एवं प्रशिक्षण कार्यालय, पुणे, जिला व्यावसायिक शिक्षा एवं प्रशिक्षण अधिकारी सचिन धूमल साहेब एवं प्रधानाध्यापक शासकीय तकनीकी विद्यालय केन्द्र शाल्मली पवार मैडम एवं पुत्र अधिराज डोले, माता कुसुम डोले , मैं अपने पिता मधुकर डोले और पत्नी अश्विनी डोले को समय-समय पर उनके विशेष मार्गदर्शन और सहयोग के लिए बहुत आभारी हूं।

साथ ही, बहुत ही कम समय में श्री राजेन्द्र घुमे साहेब, संयुक्त निदेशक, व्यावसायिक शिक्षा और प्रशिक्षण क्षेत्रीय कार्यालय, पुणे द्वारा पुस्तक के प्रकाशन में उनके अमूल्य समय के लिए पुस्तक की समीक्षा की गई। मैं उनकी प्रतिक्रिया के लिए हृदय से आभारी हूँ।

पुस्तक लिखने की शुरुआत से ही निरंतर समर्थन के लिए मैं आईटीआई सतारा के प्रशिक्षक का आभारी हूं।

इस पुस्तक से, मैं खुद को धन्य मानता हूं कि मैंने आपके साथ ई-लर्निंग पर अपने विचार साझा किए। मैं यह दावा नहीं करूंगा कि यह पुस्तक पूर्ण है, क्योंकि पूर्णता को देखते हुए यह पुस्तक एक प्रयास है और अपनी शैशवावस्था में है। यदि उनका परीक्षण और सुझाव दिया जाए तो वे सुधार के लिए मूल्यवान होंगे।

मनोज डोले

दिनांक 9/1/2019

पावती (स्वीकृति)

21वीं सदी में औद्योगिक क्षेत्र में तेजी से बढ़ती मांग के अनुरूप बहु-कुशल कारीगरों की आपूर्ति के लिए व्यावसायिक शिक्षा और प्रशिक्षण विभाग के माध्यम से व्यावसायिक शिक्षा और प्रशिक्षण विभाग के माध्यम से व्यावसायिक शिक्षा और प्रशिक्षण प्रदान किया जाता है। संस्थानों के भीतर सभी व्यवसाय महत्वपूर्ण हैं, क्योंकि इन व्यवसायों के प्रशिक्षु उद्योग की मांगों के अनुसार बहु-कौशल विकसित करते हैं।

सभी व्यवसायों के लिए उपयुक्त एमसीक्यू ई-पुस्तकें उपलब्ध कराने के नेक इरादे से, यह देखते हुए कि औद्योगिक क्षेत्र के सभी उद्योगों में सभी परीक्षाएं ऑनलाइन आयोजित की जाती हैं और इसमें एमसीक्यू पद्धति के प्रश्न शामिल होते हैं। श्री मनोज मधुकर डोले ने नए वार्षिक पाठ्यक्रम के अनुसार एमसीक्यू पद्धति पर एक बहुत अच्छी ई-बुक लिखी है। यह ई-पुस्तक निश्चित रूप से सभी प्रशिक्षुओं, प्रशिक्षु उम्मीदवारों, प्रशिक्षण प्रशिक्षकों और अन्य संबंधितों के लिए एक मार्गदर्शक होगी।

पुस्तक के लेखक श्री मनोज मधुकर डोले, इंस्ट्रक्टर गॉव आईटीआई सतारा को 17 साल का प्रशिक्षण अनुभव है। एक नए वार्षिक पैटर्न के रूप में लिखी गई, यह ई-बुक प्रत्येक विषय के लिए लेआउट, सरल भाषा और सरल सिंटैक्स, आरेख और वीडियो को समझने के लिए आधुनिक डिजिटल क्यूआर कोड तकनीक को शामिल करती है। इसलिए मुझे विश्वास है कि यह ई-पुस्तक निश्चित रूप से गहन अध्ययन और परीक्षा अभ्यास के लिए उपयोगी होगी। उन्होंने जो कार्य किया है वह निश्चित रूप से काबिले तारीफ है।

श्री तुकाराम मिसाल
प्राचार्य शासकीय औद्योगिक प्रशिक्षण संस्था सातारा.

आमुख

हमारे औद्योगिक प्रशिक्षण संस्थानों की औद्योगिक प्रशिक्षण और सैद्धांतिक परीक्षा प्रणाली और इन परिवर्तनों को शिल्प प्रशिक्षकों और प्रशिक्षुओं द्वारा स्वीकार किया गया है। आपके औद्योगिक प्रशिक्षण संस्थानों में आयोजित सैद्धांतिक परीक्षाएं भी ऑनलाइन आयोजित की जाती हैं। चूंकि ये परीक्षाएं बहुविकल्पीय एमसीक्यू पद्धति की हैं, इसलिए प्रशिक्षुओं को ऐसे प्रश्नों का अधिक अभ्यास करने की आवश्यकता होगी।

इन सब बातों को ध्यान में रखते हुए श्री मनोज मधुकर, निदेशक, डोले क्राफ्ट्स, कटारी औद्योगिक प्रशिक्षण संस्थान, सतारा, ने नई वार्षिक प्रणाली और NSQF-5 के अनुसार, गहन अध्ययन किया है और अपनी मेहनत से और अपनी गहरी बुद्धि को जोड़ा है। पाठ्यक्रम, कटारी और अन्य मशीन ट्रेडों की ई-बुक। -बुक) और उन्होंने प्रशिक्षण को आसान बनाने के लिए सैद्धांतिक विषयों पर मोबाइल ऐप और ब्लॉग बनाए हैं और इन सभी शैक्षिक सामग्री को विश्व प्रसिद्ध वेबसाइटों Google Play Store, Amazon और Apple Book Store पर डाउनलोड के लिए उपलब्ध कराया है। प्रिंट संस्करण बनाकर और क्यूआर कोड जैसी उन्नत तकनीकों का उपयोग करके प्रशिक्षण को आसान बना दिया गया है।

ये सभी शैक्षिक सामग्री निश्चित रूप से सभी प्रशिक्षुओं के लिए गहन अध्ययन के लिए और शिल्प प्रशिक्षकों और अन्य संबंधितों के लिए एक मार्गदर्शक होगी जो व्यावसायिक प्रशिक्षण प्रदान कर रहे हैं।

1

प्लंबर हिंन्दी QR Code Images

Download App
Online Test Exam
ITI Books
AutoCAD CAM
JOB & Apprentice
Online Theory
Computer Course
Trading Course
CNC Course
MSCIT Course
Shopping Business
Internet Business
Web Designing
Online Services
Top Sportsmans
Indian Army
Freedom Fighters
Top Scientists
Social Reformers
Motivational Speaker
Top Richest People
Join WhatsApp Group
Join Facebook Group
Like Facebook Page
PAN / Adhar / Licence
Passport

Fire extinguisher

Calliper

www.itibook.blogspot.com www.itiapp.blogspot.com www.ititests.blogspot.com

www.itibook.com

Hacksaw frame

Universal surface guage

Hammer

www.itibook.blogspot.com www.itiapp.blogspot.com www.ititests.blogspot.com

www.itibook.com

Centre punch

Bench vice

Files

www.itibook.blogspot.com www.itiapp.blogspot.com www.ititests.blogspot.com

www.itibook.com

Workshop Tools
drill
pipe wrench
monkey wrench
clamp
chisel
anvil
wrench / spanner
shears
ruler
adhesive tape
measuring tape
drill bit
sandpaper
paint brush
toolbox
hacksaw
nail
saw
spirit level
awl
extension cord
hammer
screw
circular saw
screwdriver
chain saw
mallet
glue
file
pliers

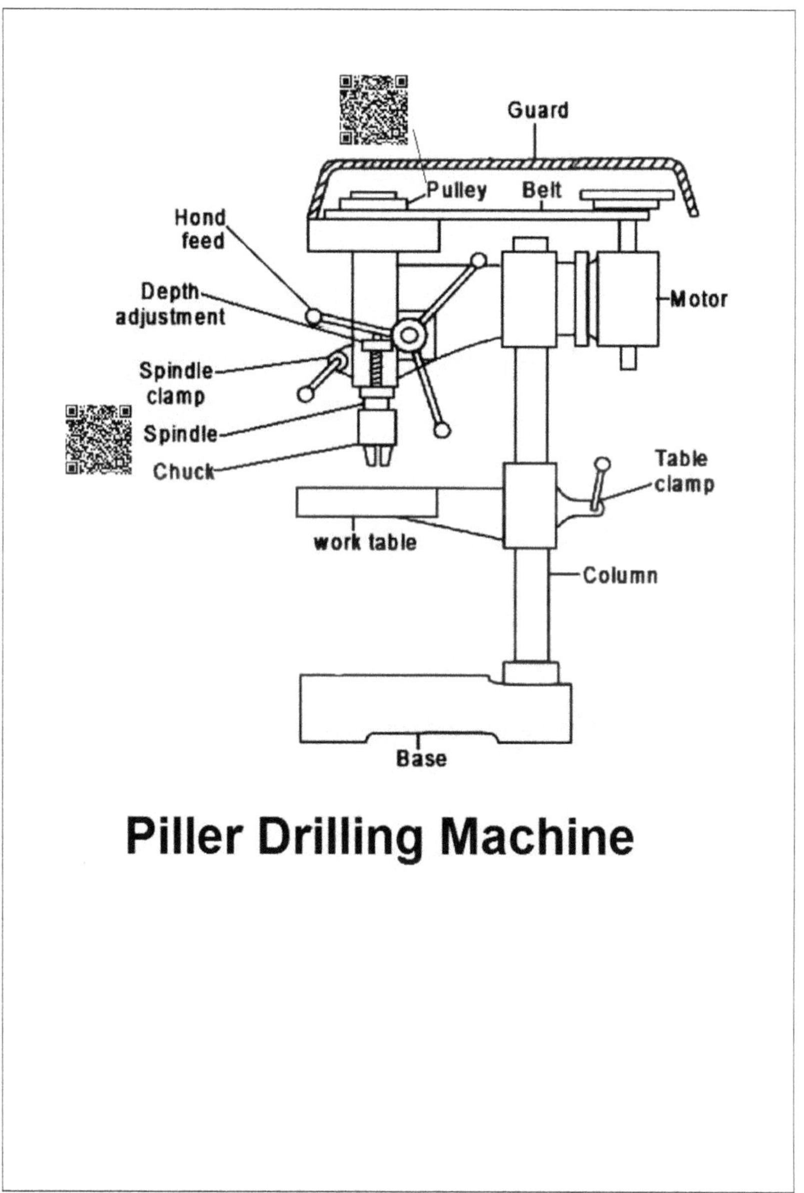

Piller Drilling Machine

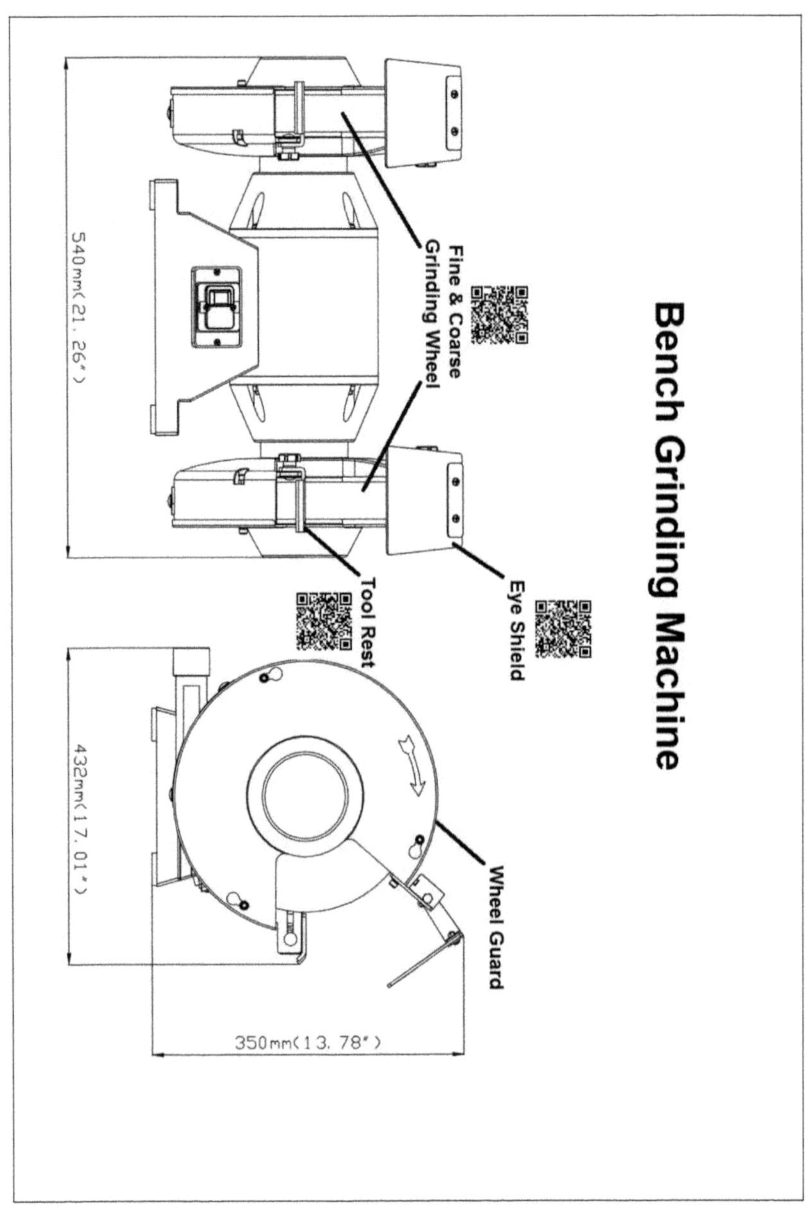
Bench Grinding Machine
Fine & Coarse Grinding Wheel
Eye Shield
Tool Rest
Wheel Guard
540mm(21.26")
432mm(17.01")
350mm(13.78")

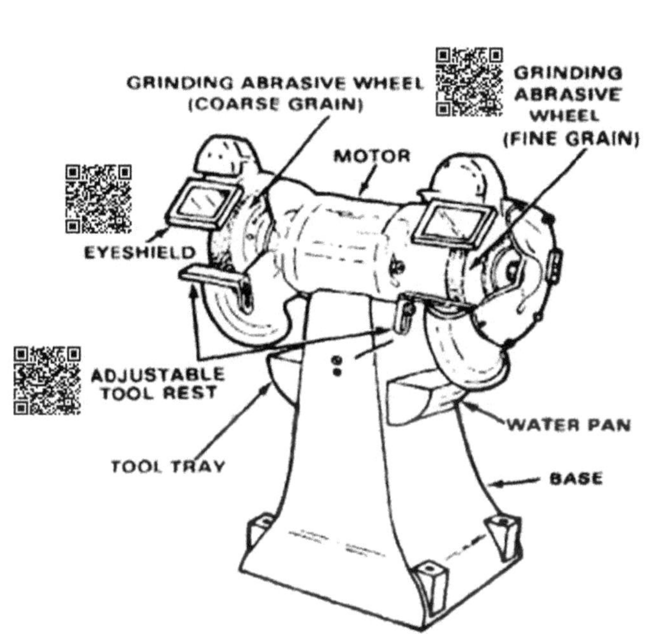

Pedastal Grinding Machine

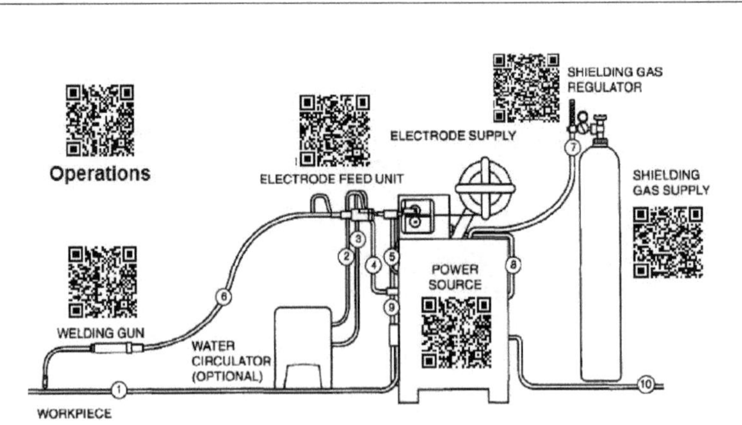

Gas Metal Arc Welding

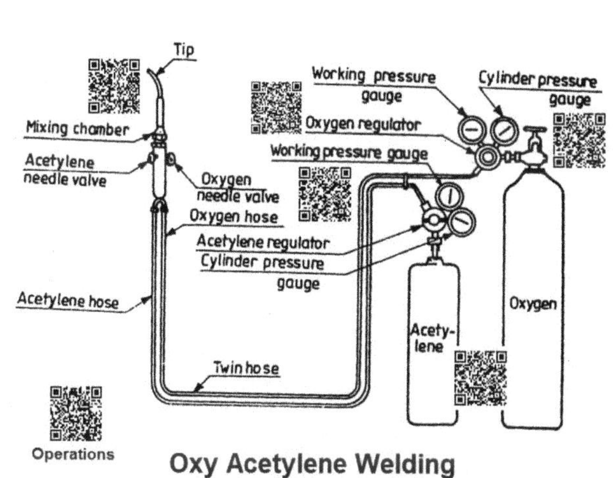

Oxy Acetylene Welding

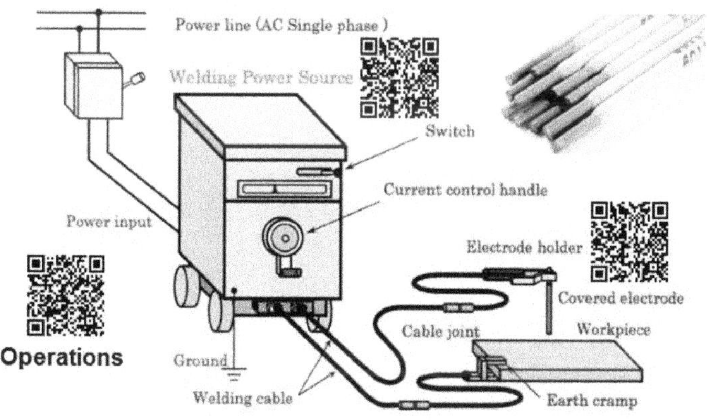

Shielded Metal Arc Welding

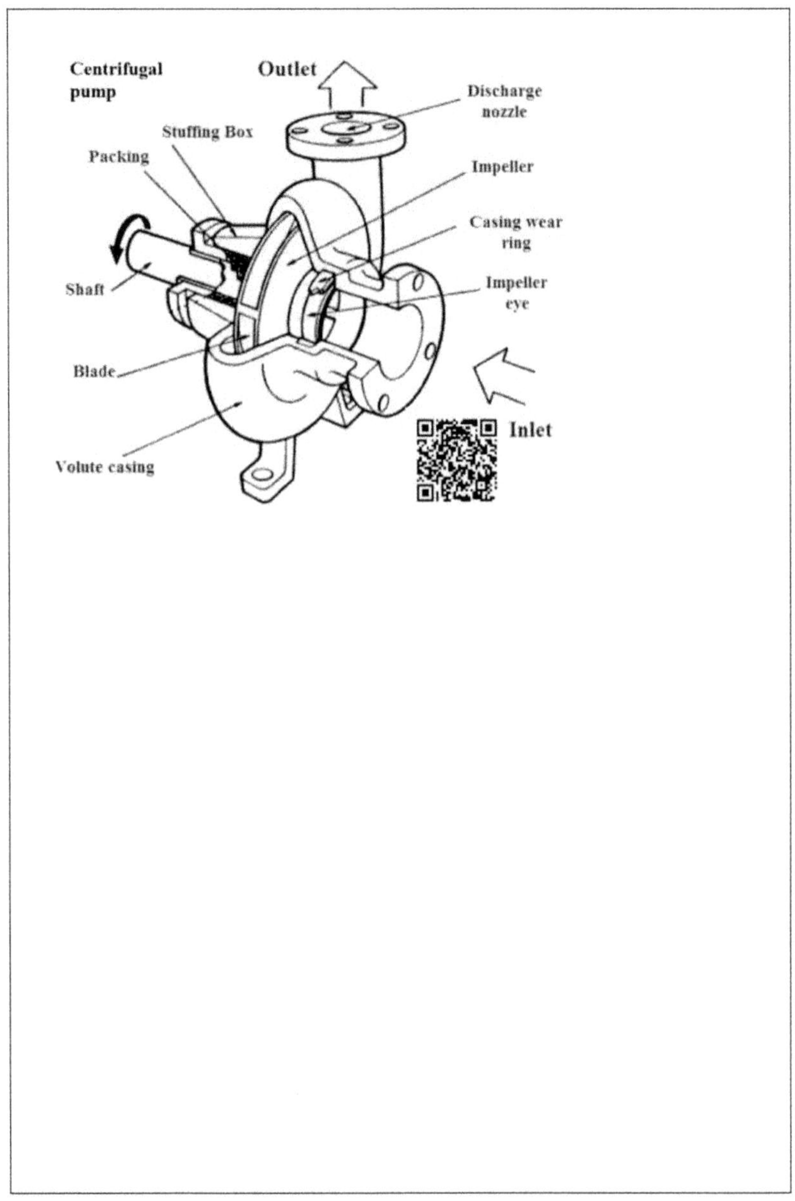
Centrifugal
pump
Outlet
Discharge
nozzle
Stuffing Box
Packing
Impeller
Casing wear
ring
Shaft
Impeller
eye
Blade
Inlet
Volute casing

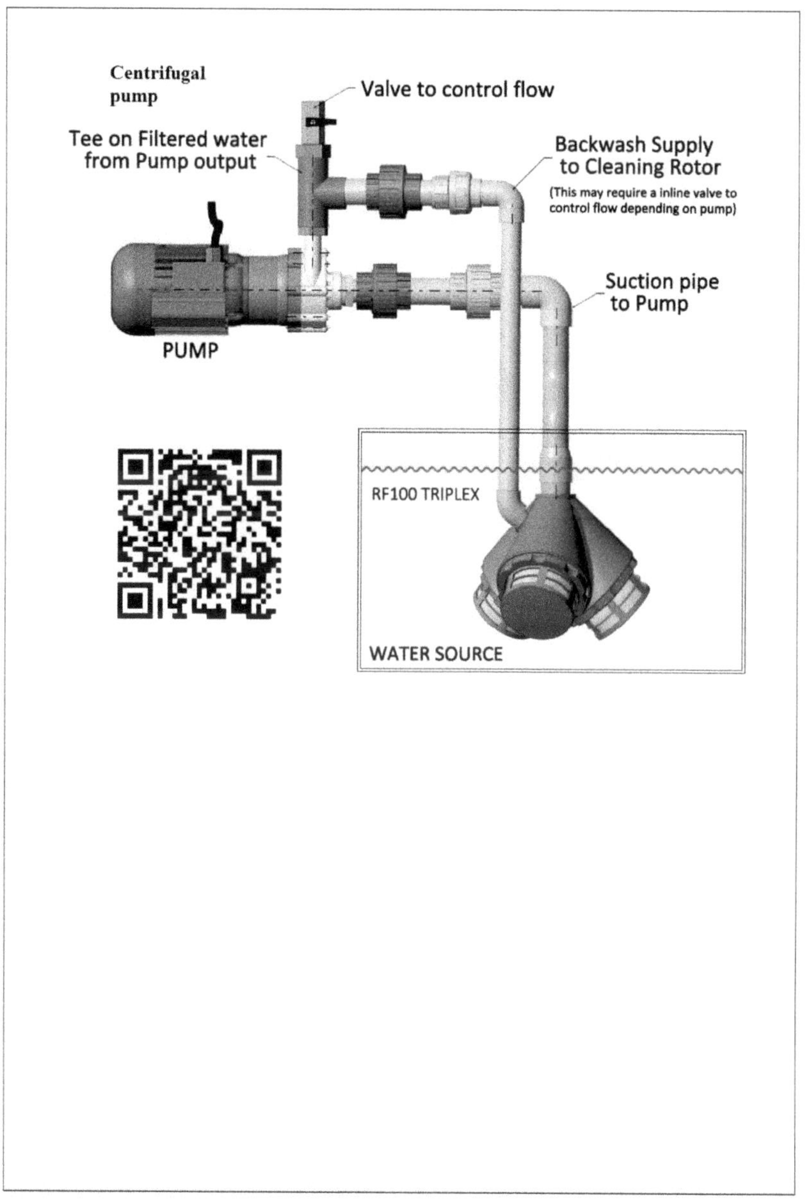
Centrifugal
pump
Valve to control flow
Tee on Filtered water
from Pump output
Backwash Supply
to Cleaning Rotor
(This may require a inline valve to
control flow depending on pump)
Suction pipe
to Pump
PUMP
RF100 TRIPLEX
WATER SOURCE

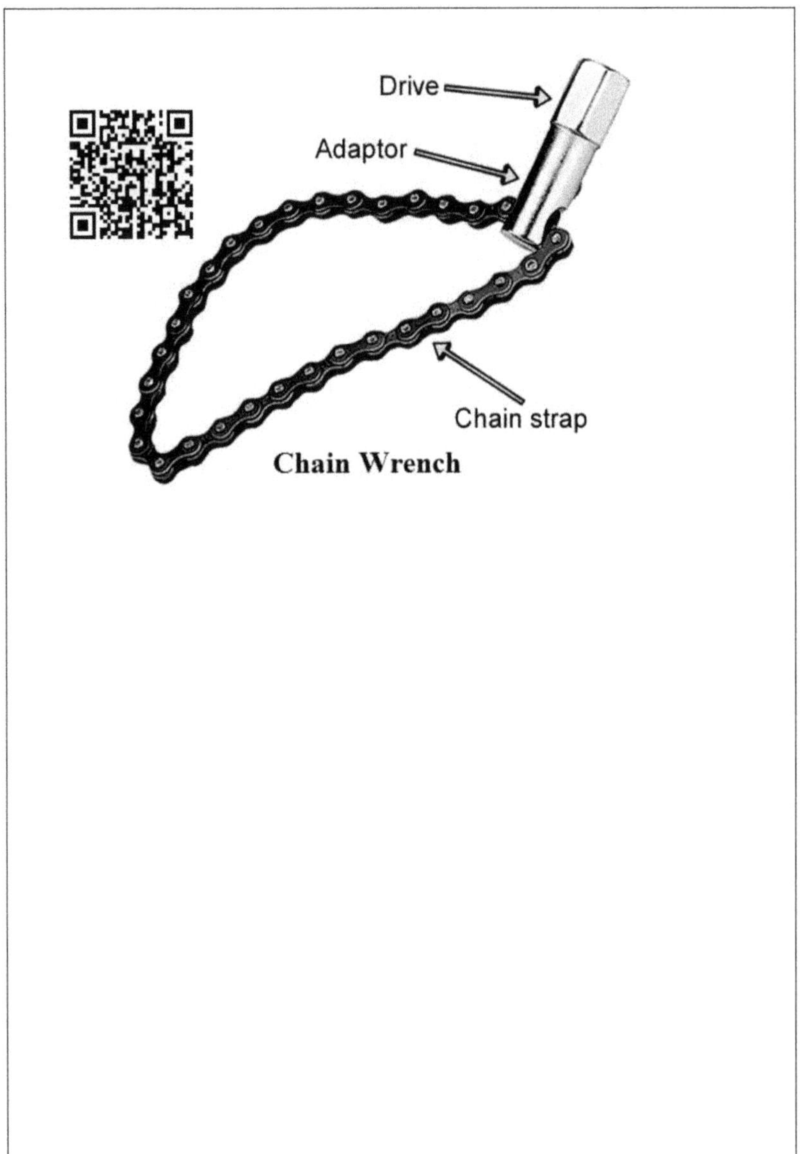

Chain Wrench

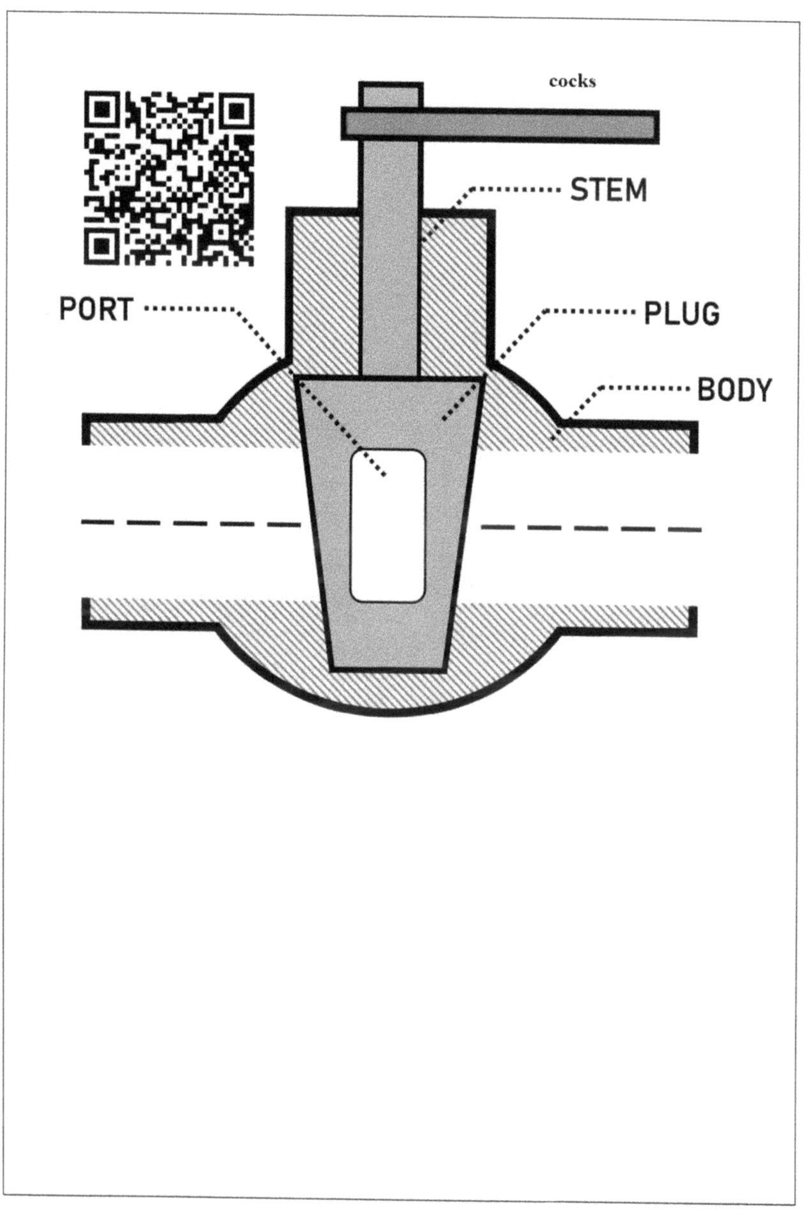
cocks
STEM
PORT
PLUG
BODY

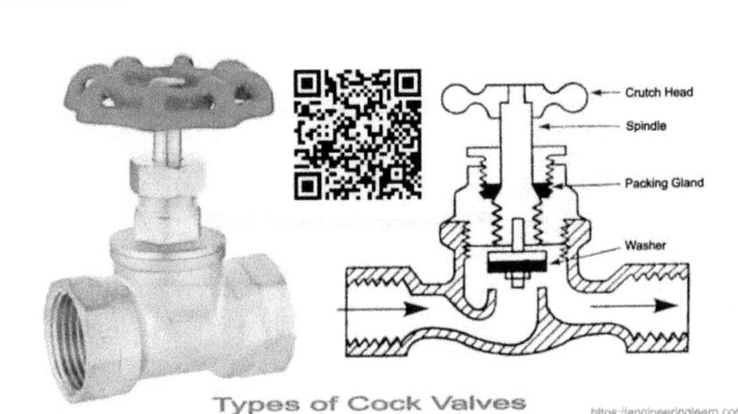

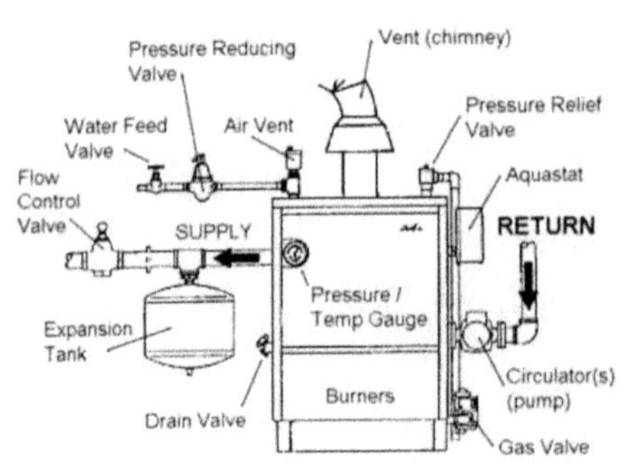

GAS FIRED HOT WATER BOILER

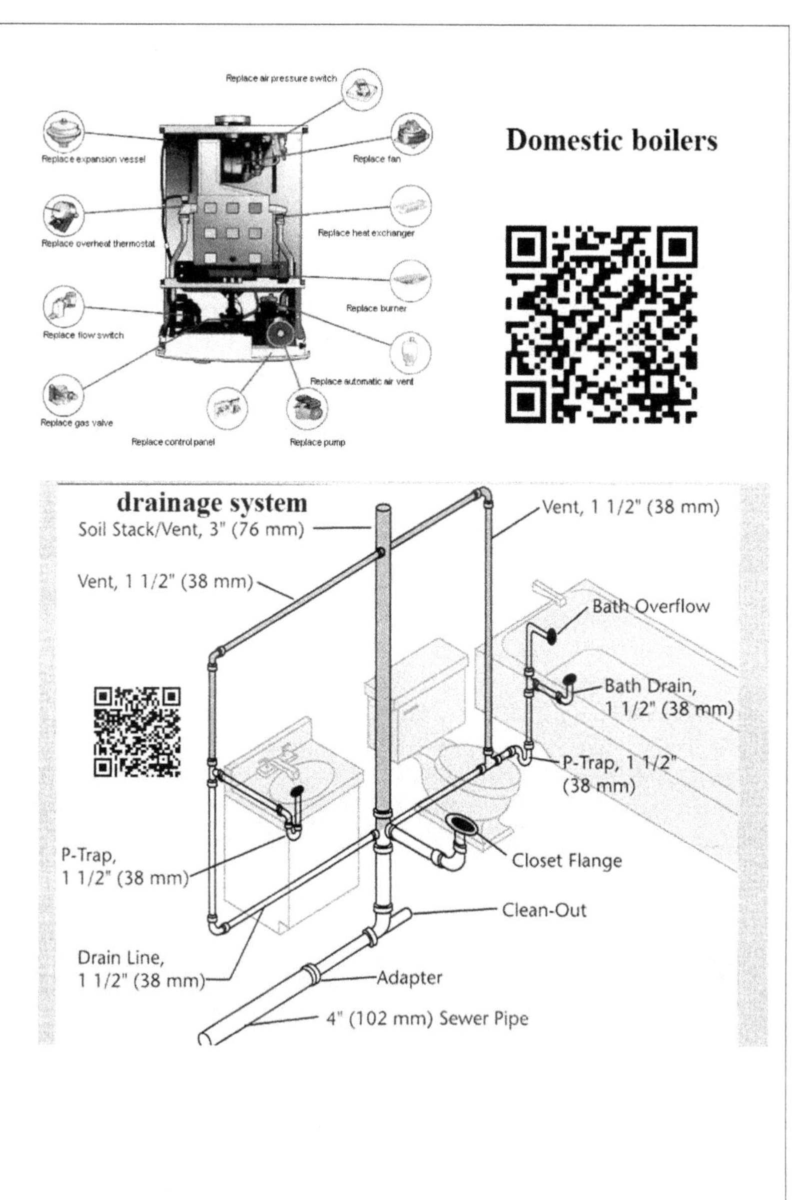
Replace air pressure switch
Replace expansion vessel
Replace fan
Domestic boilers
Replace overheat thermostat
Replace heat exchanger
Replace burner
Replace flow switch
Replace automatic air vent
Replace gas valve
Replace control panel
Replace pump
drainage system
Soil Stack/Vent, 3" (76 mm)
Vent, 1 1/2" (38 mm)
Vent, 1 1/2" (38 mm)
Bath Overflow
Bath Drain,
1 1/2" (38 mm)
P-Trap, 1 1/2"
(38 mm)
P-Trap,
1 1/2" (38 mm)
Closet Flange
Clean-Out
Drain Line,
1 1/2" (38 mm)
Adapter
4" (102 mm) Sewer Pipe

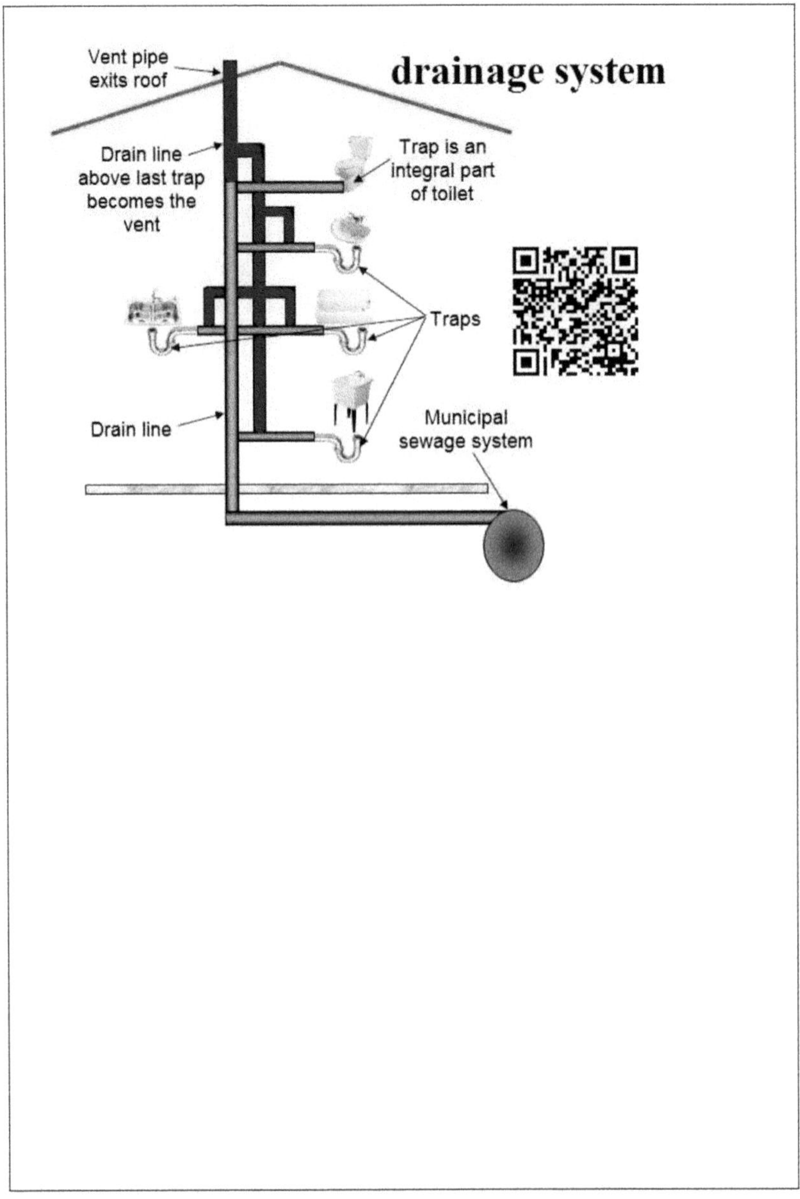
drainage system
Vent pipe
exits roof
Drain line
above last trap
becomes the
vent
Trap is an
integral part
of toilet
Traps
Drain line
Municipal
sewage system

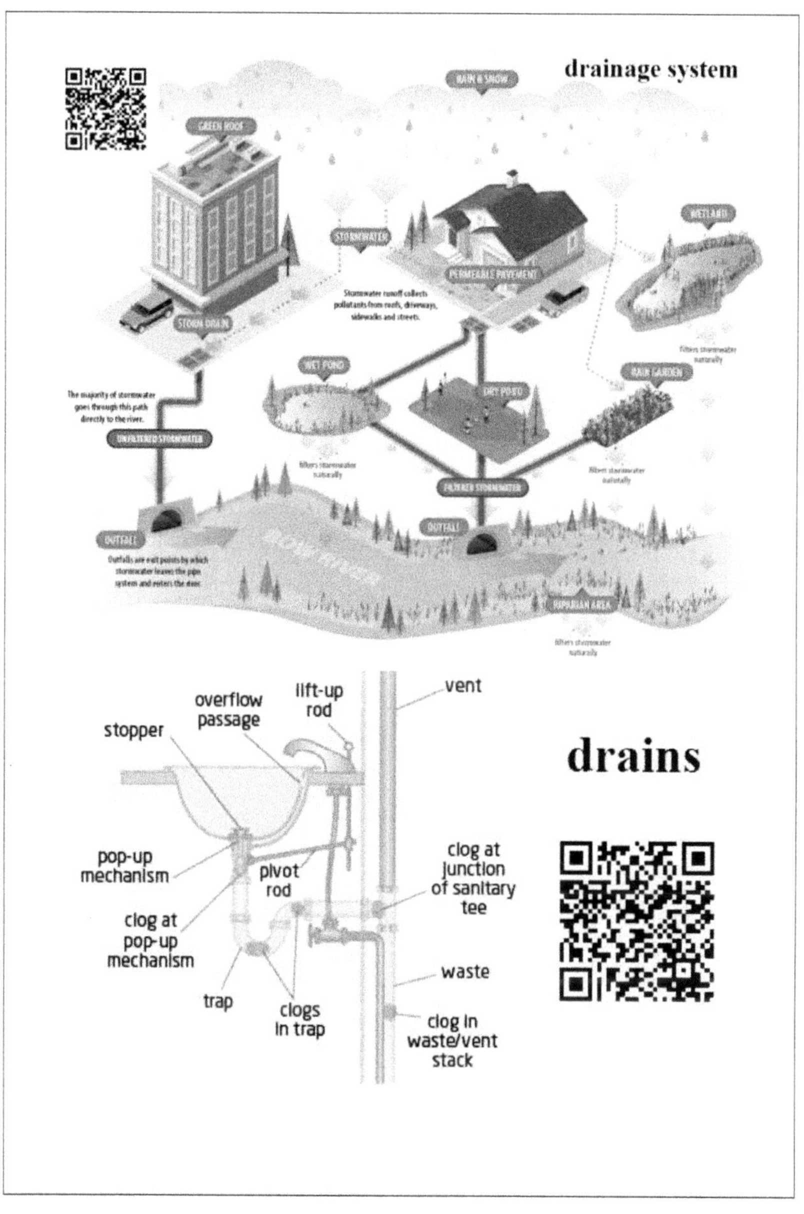
drainage system
Stormwater runoff collects pollutants from roofs, driveways, sidewalks and streets.
The majority of stormwater goes through this path directly to the river.
drains
vent
lift-up rod
overflow passage
stopper
pop-up mechanism
pivot rod
clog at pop-up mechanism
clog at junction of sanitary tee
trap
clogs in trap
waste
clog in waste/vent stack

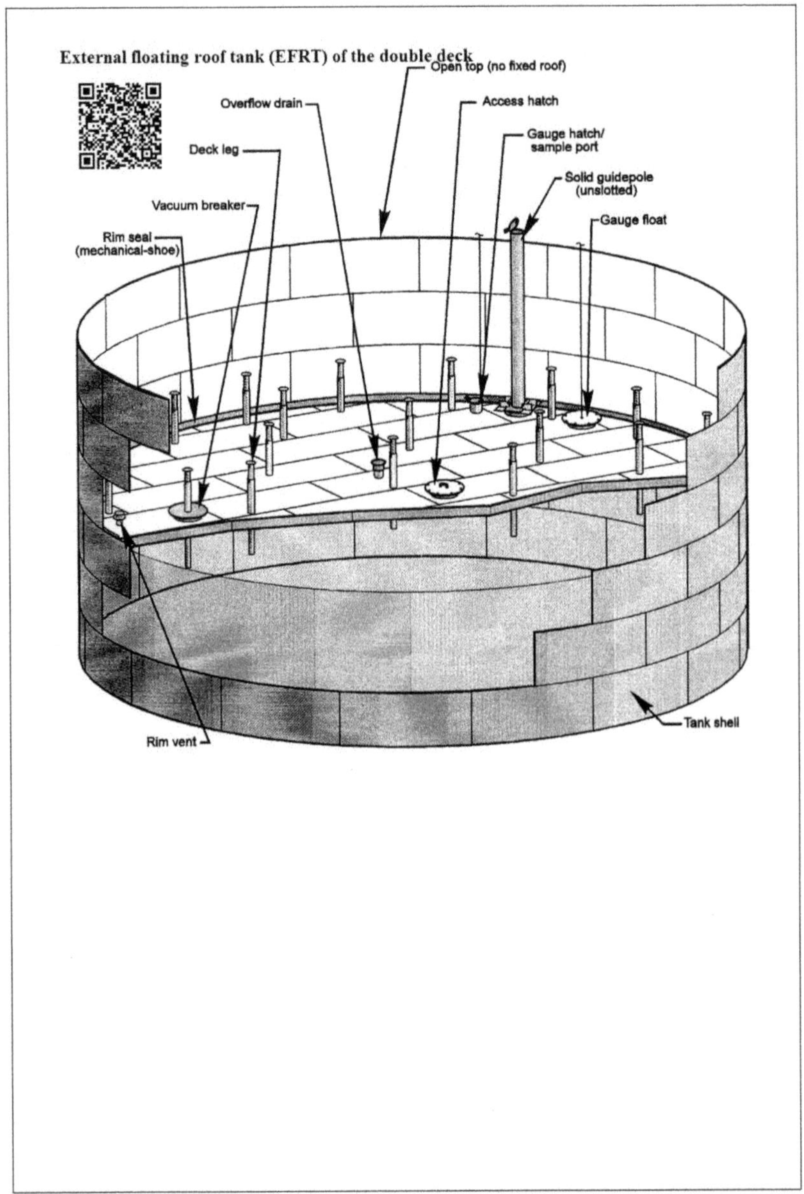
External floating roof tank (EFRT) of the double deck
Open top (no fixed roof)
Overflow drain
Access hatch
Gauge hatch/
sample port
Deck leg
Solid guidepole
(unslotted)
Vacuum breaker
Gauge float
Rim seal
(mechanical-shoe)
Rim vent
Tank shell

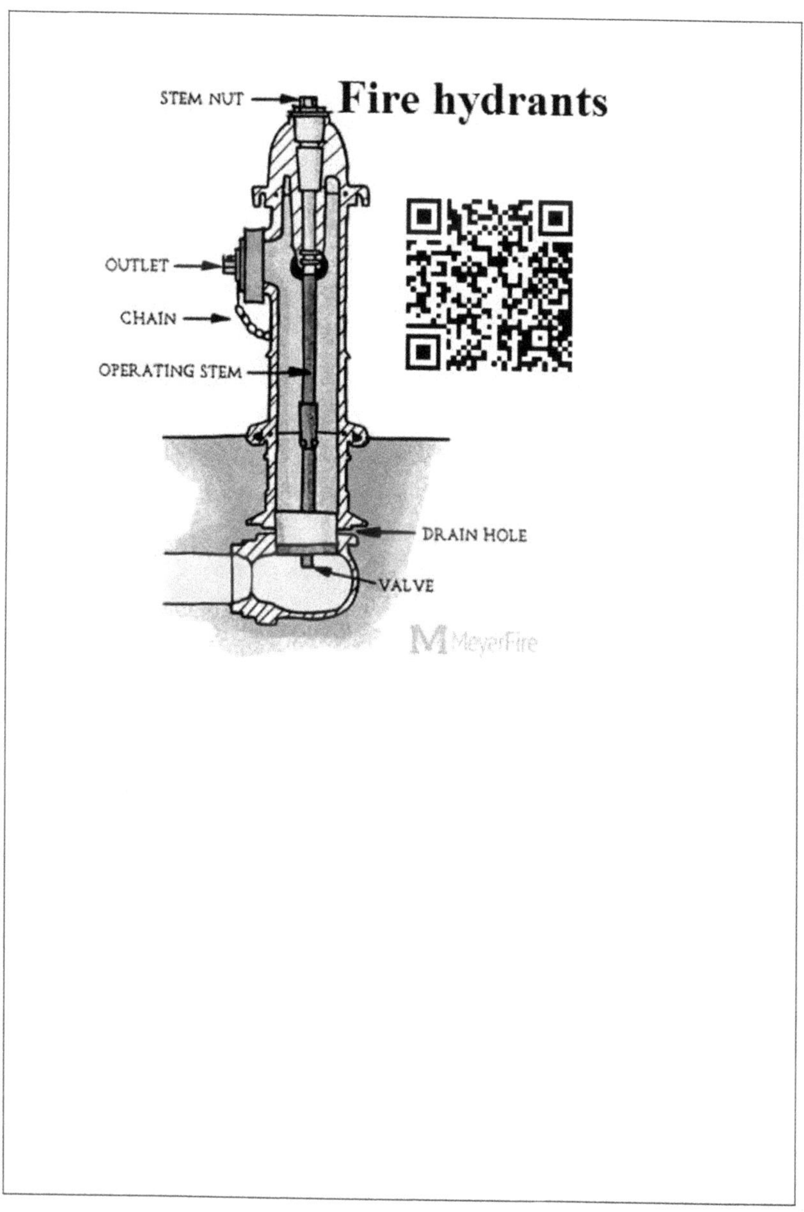
Fire hydrants
STEM NUT
OUTLET
CHAIN
OPERATING STEM
DRAIN HOLE
VALVE
MeyerFire

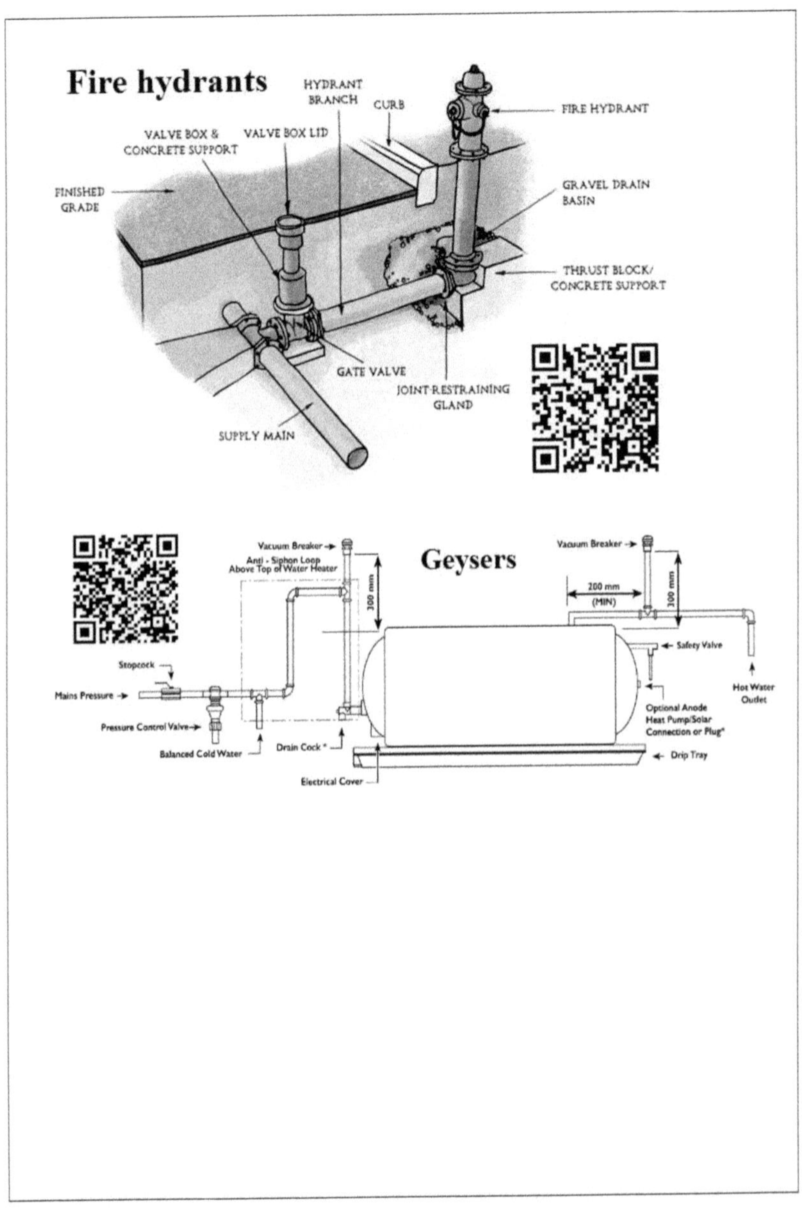
Fire hydrants
HYDRANT BRANCH
CURB
FIRE HYDRANT
VALVE BOX & CONCRETE SUPPORT
VALVE BOX LID
FINISHED GRADE
GRAVEL DRAIN BASIN
THRUST BLOCK/ CONCRETE SUPPORT
GATE VALVE
JOINT RESTRAINING GLAND
SUPPLY MAIN
Geysers
Vacuum Breaker
Anti - Siphon Loop Above Top of Water Heater
300 mm
200 mm (MIN)
Safety Valve
Hot Water Outlet
Stopcock
Mains Pressure
Pressure Control Valve
Balanced Cold Water
Drain Cock *
Optional Anode Heat Pump/Solar Connection or Plug*
Drip Tray
Electrical Cover

100 O C.I
PIPE
450 C.I COVER
CEMENT CONCRETE
PACKING(1:3:6)
CLEANING EYE CLOSED
Y
Y
TO INLET
TO SEWER
STONE WAR MASTER
TAP PACKING WITH
CEMENT CONC(1:3:6)
BRICK
FLAT
SOLING
PLAN
SECTION YY
INSPECTION CHAMBER
BRICK TOWEL
MARGIN TOWEL
GAUGING TOWEL
Mason's
hand tools
ANGEL TROWEL
WOODEN FLOAT
METAL FLOAT
PLUMB BOB
RIGHT ANGLED
SCALE
LINE DORI
ALUMINIUM CHANNEL
MEASURING TAPE

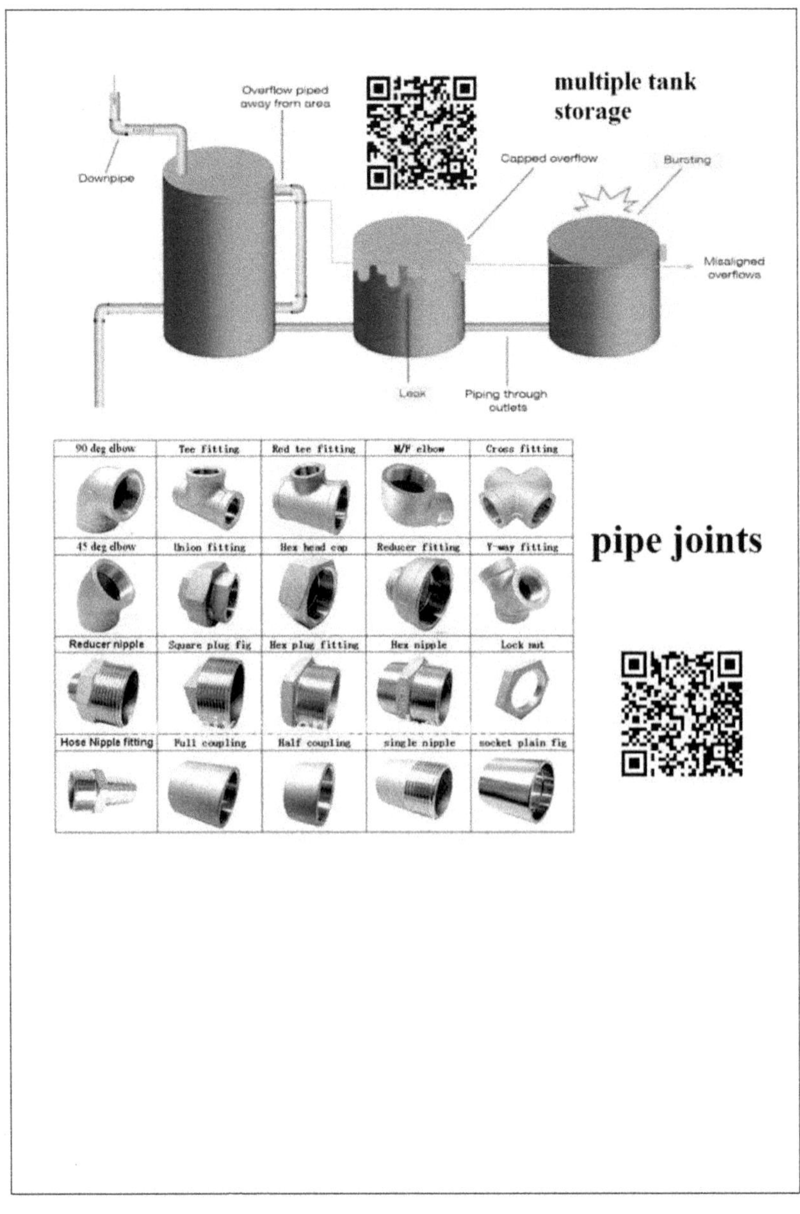
multiple tank storage
Overflow piped away from area
Downpipe
Capped overflow
Bursting
Misaligned overflows
Leak
Piping through outlets
90 deg elbow
Tee fitting
Red tee fitting
M/F elbow
Cross fitting
45 deg elbow
Union fitting
Hex head cap
Reducer fitting
Y-way fitting
Reducer nipple
Square plug fig
Hex plug fitting
Hex nipple
Lock nut
Hose Nipple fitting
Full coupling
Half coupling
single nipple
socket plain fig
pipe joints

cross
male female elbow
45 deg elbow
pipe joints
hexagon plug
hexagon bushing
hexagon nipples
reducer
welding fitting
socket
hose nipple
lock nut
Flat bottom bend
Pipe joint
Flat bottom bend
Pipe wrench
Forged Hook Jaw
Adjustment Nut
Self-Cleaning Threads
Replaceable, Twice Hardened Alloy Steel Jaws
I-Beam Handle
Hanging Hole

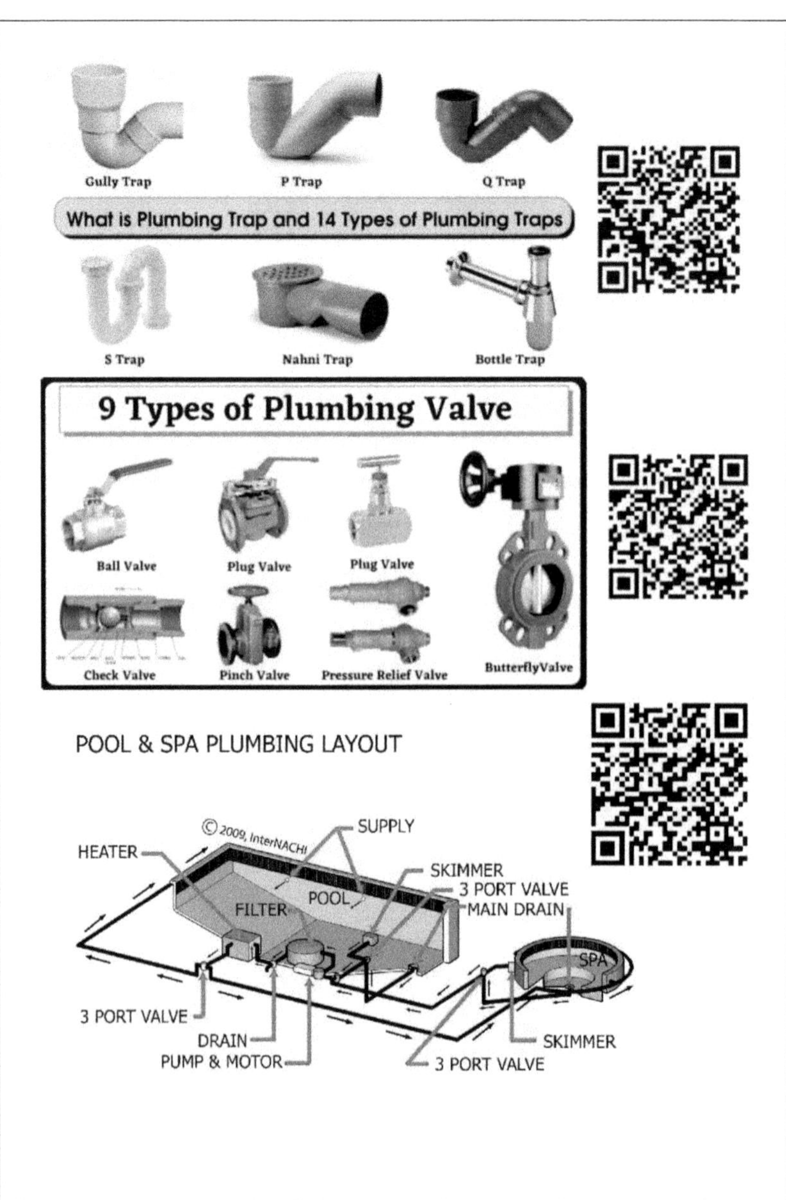
Gully Trap
P Trap
Q Trap
What is Plumbing Trap and 14 Types of Plumbing Traps
S Trap
Nahni Trap
Bottle Trap
9 Types of Plumbing Valve
Ball Valve
Plug Valve
Plug Valve
Check Valve
Pinch Valve
Pressure Relief Valve
ButterflyValve
POOL & SPA PLUMBING LAYOUT
© 2009, InterNACHI
SUPPLY
HEATER
SKIMMER
3 PORT VALVE
MAIN DRAIN
POOL
FILTER
SPA
3 PORT VALVE
DRAIN
PUMP & MOTOR
SKIMMER
3 PORT VALVE

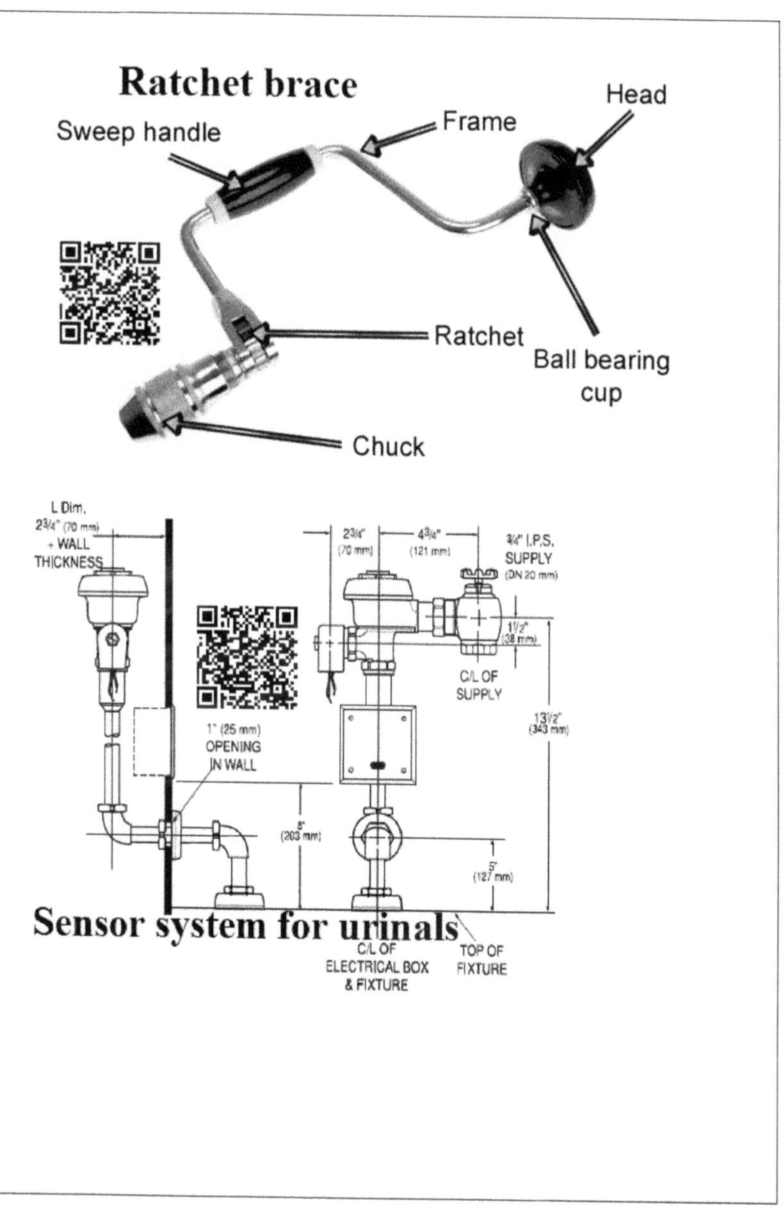
Ratchet brace
Head
Frame
Sweep handle
Ratchet
Ball bearing cup
Chuck
L Dim.
2¾" (70 mm)
+ WALL
THICKNESS
2¾" (70 mm)
4¾" (121 mm)
¾" I.P.S.
SUPPLY
(DN 20 mm)
1½" (38 mm)
C/L OF
SUPPLY
13½" (343 mm)
1" (25 mm)
OPENING
IN WALL
8" (203 mm)
5" (127 mm)
Sensor system for urinals
C/L OF
ELECTRICAL BOX
& FIXTURE
TOP OF
FIXTURE

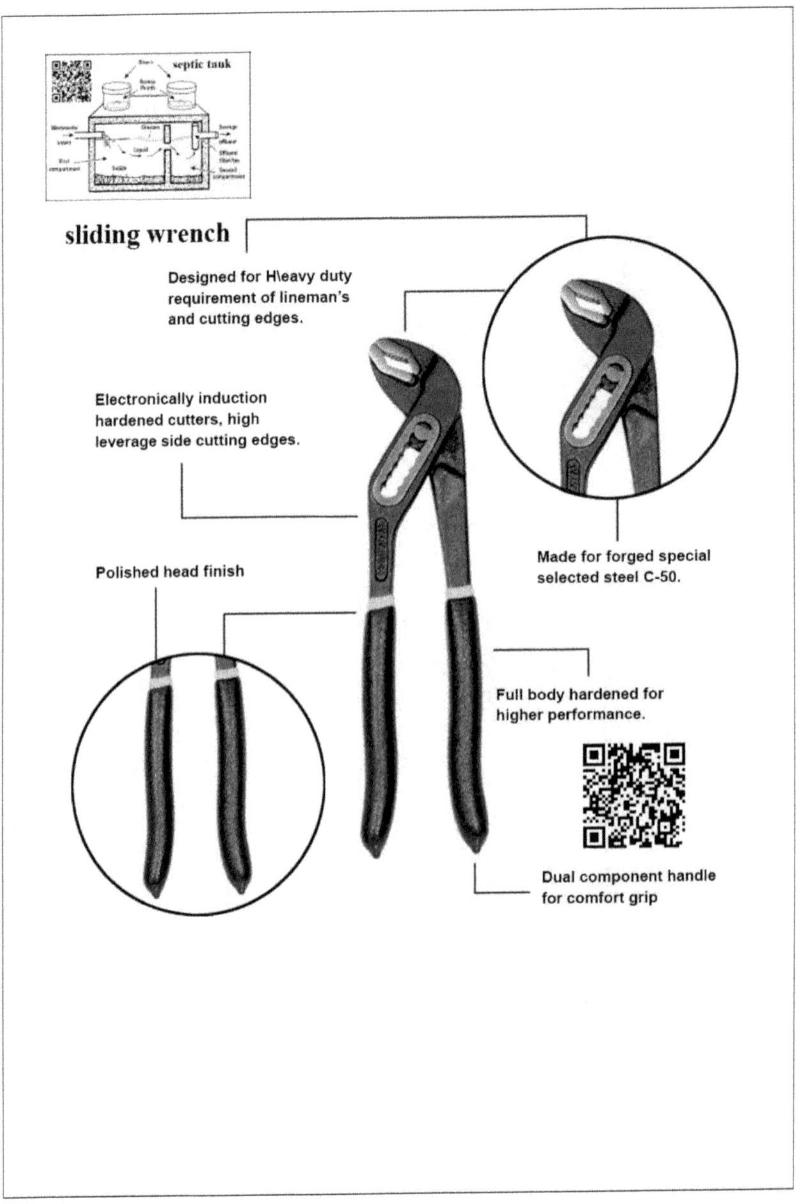
septic tank
sliding wrench
Designed for H\eavy duty requirement of lineman's and cutting edges.
Electronically induction hardened cutters, high leverage side cutting edges.
Polished head finish
Made for forged special selected steel C-50.
Full body hardened for higher performance.
Dual component handle for comfort grip

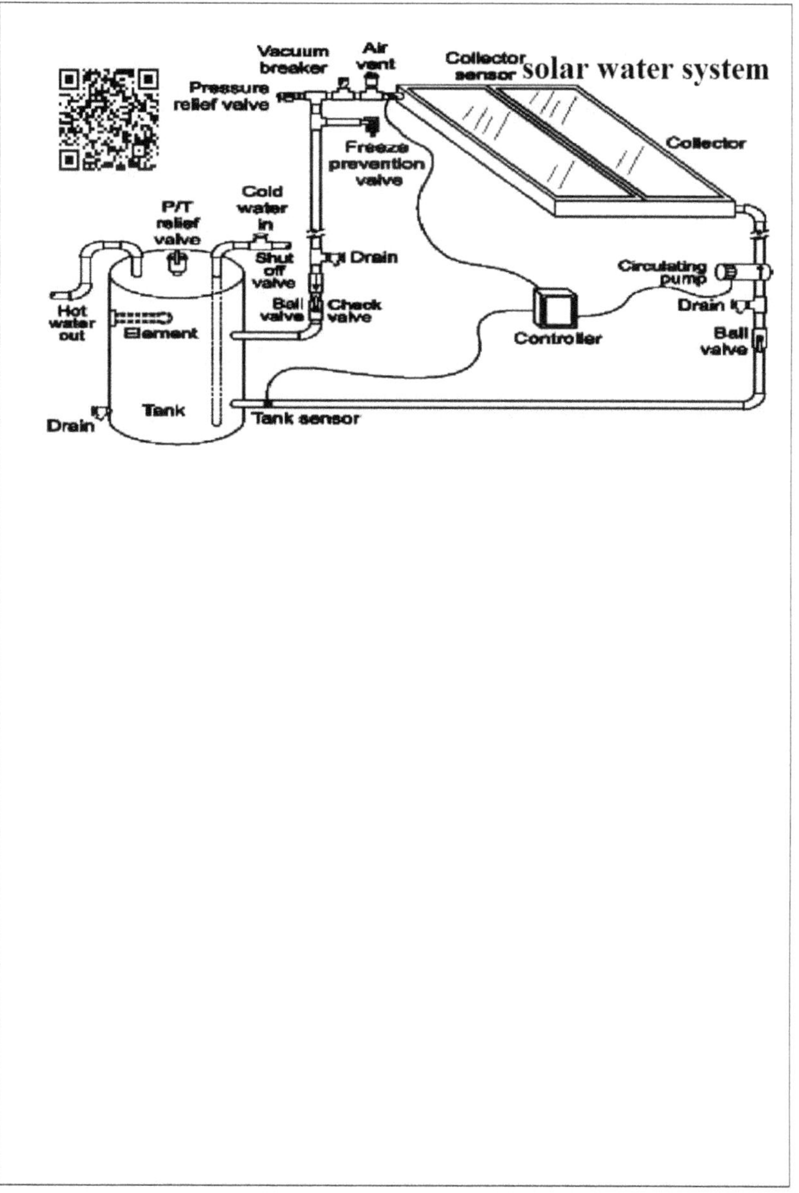
solar water system
Vacuum breaker
Air vent
Collector sensor
Pressure relief valve
Freeze prevention valve
Collector
Cold water in
P/T relief valve
Shut off valve
Drain
Circulating pump
Hot water out
Element
Ball valve
Check valve
Controller
Drain
Ball valve
Tank
Drain
Tank sensor

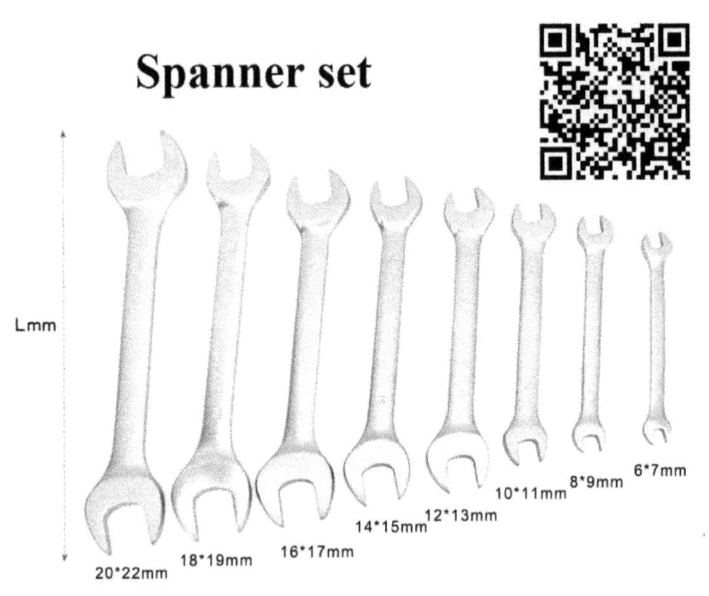

Specifications (metric system)	Specifications (English)
6*7 8*9 10*11 12*13 14*15 16*17 18*19 20*22mm	1/4*5/16 5/16*11/32 3/8*7/16 * 9/16*5/8 5/8*11/16 11/16*3/4 3/4*7/8mm

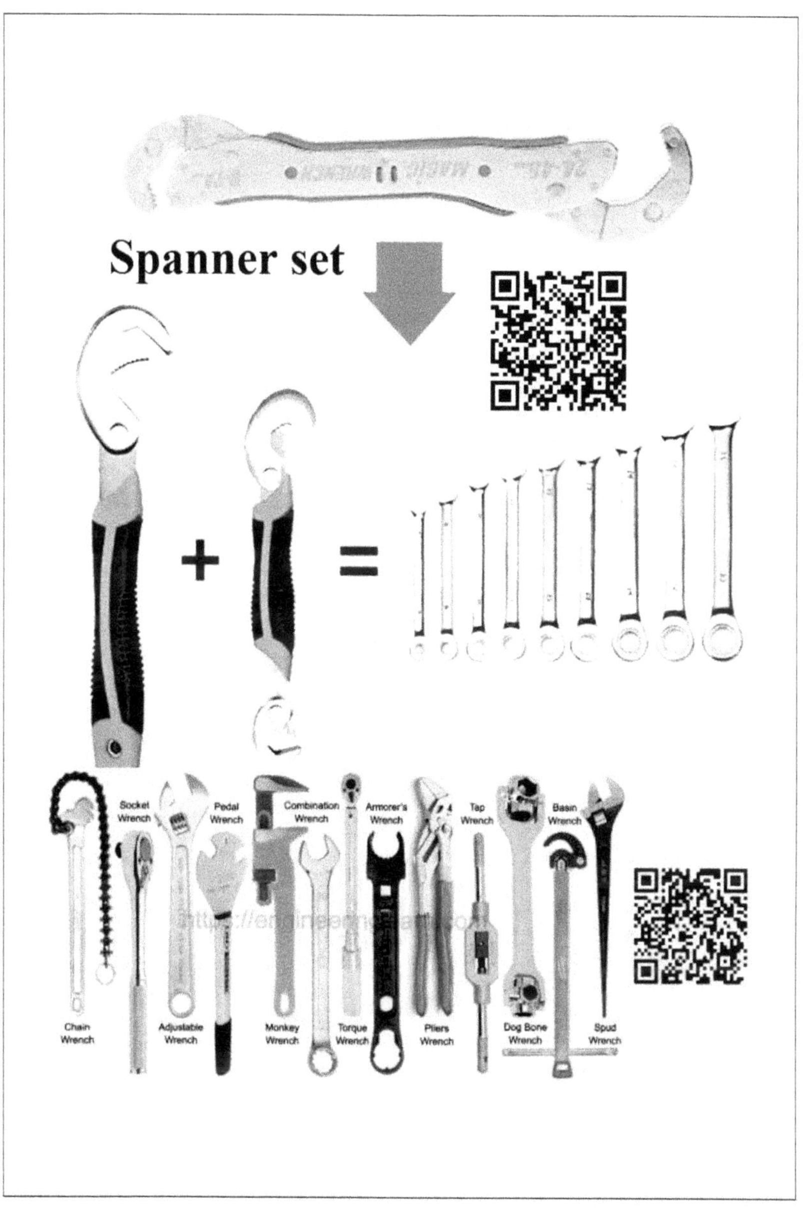
Spanner set
Socket Wrench
Pedal Wrench
Combination Wrench
Armorer's Wrench
Tap Wrench
Basin Wrench
Chain Wrench
Adjustable Wrench
Monkey Wrench
Torque Wrench
Pliers Wrench
Dog Bone Wrench
Spud Wrench

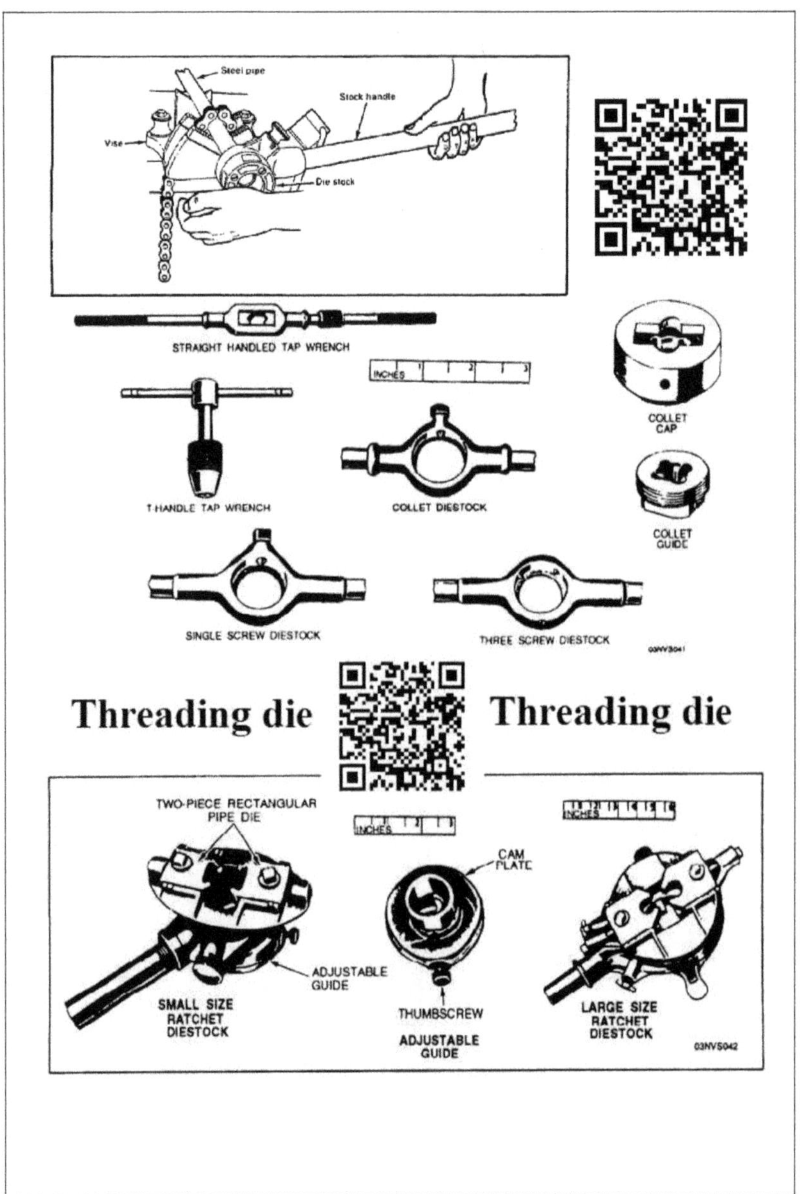
Steel pipe
Stock handle
Vise
Die stock
STRAIGHT HANDLED TAP WRENCH
INCHES
COLLET CAP
T HANDLE TAP WRENCH
COLLET DIESTOCK
COLLET GUIDE
SINGLE SCREW DIESTOCK
THREE SCREW DIESTOCK
Threading die
Threading die
TWO-PIECE RECTANGULAR PIPE DIE
INCHES
CAM PLATE
ADJUSTABLE GUIDE
SMALL SIZE RATCHET DIESTOCK
THUMBSCREW
ADJUSTABLE GUIDE
LARGE SIZE RATCHET DIESTOCK
03NVS042

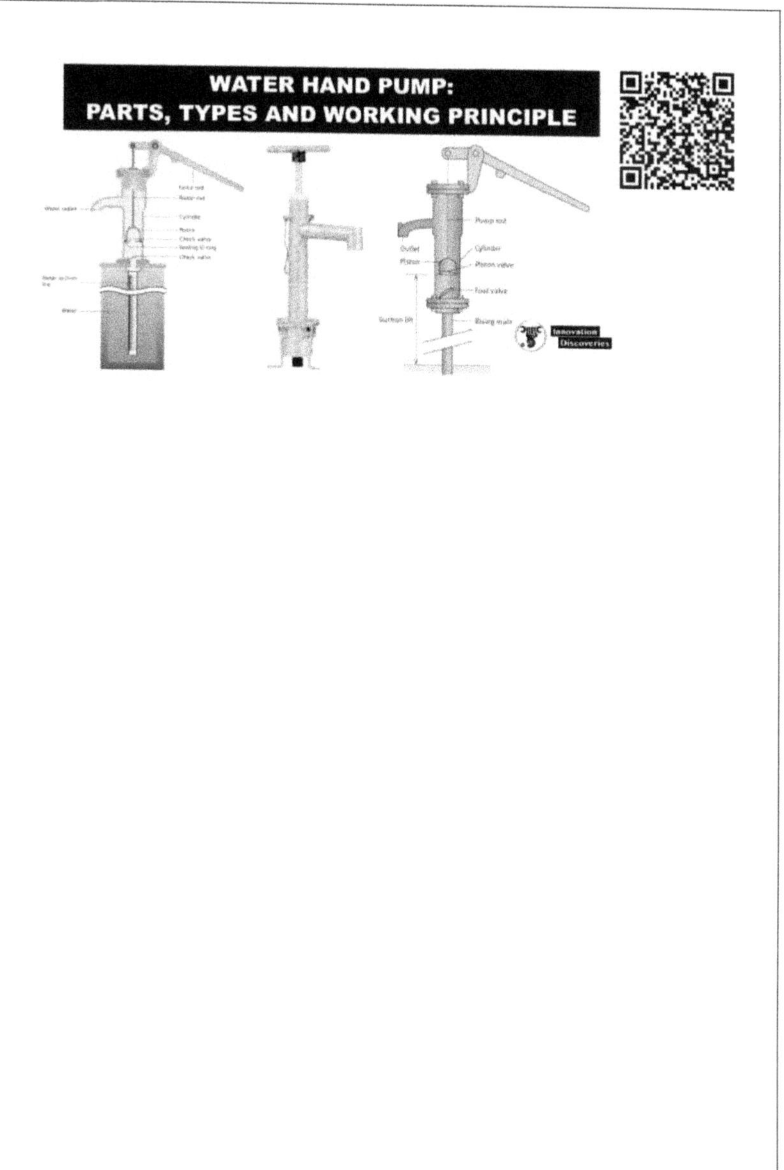
WATER HAND PUMP:
PARTS, TYPES AND WORKING PRINCIPLE
Cylinder
Innovation
Discoveries

2

प्लंबर हिंन्दी MCQ

1] कौन सी वर्कशॉप सेफ्टी है?

<u>ए] दुकानकेफर्शकोसाफऔरग्रीस, तेलयाअन्यफिसलनसामग्रीसेमुक्तरखें</u>

बी] गति बदलने से पहले मशीन बंद करो

सी] फटे या चिपके हुए औजारों का प्रयोग न करें

D] चल रही मशीन को हाथ से रोकने की कोशिश न करें

2] पर्सनल प्रोटेक्ट इक्विपमेंट (पीपीई) में हेल्मेट का उपयोग किया जाता है

<u>ए] सिरकीरक्षाकरें</u>

बी] आंखों की रक्षा करें

सी] हाथों की रक्षा करें

डी] कानों की रक्षा करें

3] निम्नलिखित में से कौन सामान्य सुरक्षा से संबंधित है?

A एक कार्यकर्ता को अच्छे व्यवहार में रखें

बी] काम साफ और स्पष्ट

सी] अपने काम पर ध्यान लगाओ

<u>डी] फर्शऔरगैंगवेकोसाफऔरसाफरखें</u>

4] पीसते समय आंखों की सुरक्षा के लिए किसका प्रयोग किया जाता है?

ए] गहरा हरा कांच

बी] मुखौटा

सी] धूप का चश्मा

<u>डी] सुरक्षाचश्मा</u>

5] मशीन सुरक्षा के लिए निम्नलिखित में से क्या किया जाता है?

<u>ए] मशीनशुरूकरनेसेपहलेतेलकेस्तरकीजांचकरें</u>

बी] चीजों को व्यवस्थित तरीके से करें

सी] फर्श और गैंगवे को साफ और साफ रखें

डी] डाई और स्कार्फ का प्रयोग न करें

6] पर्सनल प्रोटेक्ट इक्विपमेंट (पीपीई), 'स्लीव्स' का इस्तेमाल ---------- की सुरक्षा के लिए किया जाता है

एक चेहरा

बी] आंखें

सी] कान

डी] हाथ

7] एबीसी का मतलब --------------

ए] स्वचालित श्वास नियंत्रण

बी] स्वचालित रक्त नियंत्रण

सी] वायुमार्गश्वासपरिसंचरण

डी] स्वचालित रक्त परिसंचरण

8] आग और आग बुझाने वाले

fire extingusher　　　　Fire Extingusher

अग्निशामक: आग

9] "क्लास बी" की आग को बुझाने के लिए किस प्रकार के अग्निशामक यंत्र का उपयोग किया जाता है ....

ए] शुष्कशक्ति

बी] कार्बन डाइऑक्साइड

सी] पानी की जेट

डी] फोम प्रकार

10] सामान्य आग को बुझाने के लिए किस प्रकार के अग्निशामक यंत्र का उपयोग किया जाता है?

ए] जलप्रकारबुझानेवाला

बी] फोम प्रकार बुझाने वाला

सी] शुष्क रासायनिक पाउडर एक्सटिंगुइशर

डी] कार्बन डाइऑक्साइड (C02] बुझाने वाला)

11] खून बहने की स्थिति में उपचार करें

डी] ठंडा 3" और आराम

<u>ए] ठंडेपानीकाछिड़कावकरें</u>

बी] तुरंत पट्टी -----।

बी] दुर्घटना विचार उपचार के बारे में पूछताछ

safety workshop safety

12] दुर्घटना की स्थिति में पीड़ित को

ए] आराम करने के लिए कहा

<u>सी] तुरंतभागलिया</u>

डी] उसे छोड़ दो

13] प्राथमिक उपचार किसी घायल या बीमार व्यक्ति को प्राथमिक रूप से दिया जाता है....

ए] जीवन बचाओ

बी] मफ की और गिरावट को रोकें

सी] सर्वोत्तम संभव आराम दें

<u>डी] येसभी</u>

14] बेकार कागज को अलग करने के लिए डिब्बे का रंग कोड है -----

<u>ए] नीलारंग</u>

बी] पीला रंग

सी] लाल रंग

डी] हरा रंग

15] जापानी में Seiko का अर्थ ------------- होता है

<u>ए] शाइन</u>

बी] क्रमबद्ध करें

सी] मानकीकरण

डी] सस्टेनेबल

16] एसएस प्रणाली का लाभ है ------

ए] उत्पादकता में वृद्धि

बी] गुणवत्ता में वृद्धि

सी] समय की बर्बादी में कमी

डी] येसभी

17] सुरक्षा है -----------

ए] किसी का व्यवसाय नहीं

बी] हरबॉडीबिजनेस

सी] कुछ निकायों का व्यवसाय

डी] संगठन व्यवसाय

18] सुरक्षा चिन्हों की बुनियादी श्रेणियों के लिए "निषेध" चिन्ह का अर्थ उपलब्ध है ----

ए] दिखाताहैकियहनहींकियाजानाचाहिए

बी] दिखाता है कि क्या किया जाना चाहिए

सी] खतरे या खतरे की चेतावनी देता है

डी] सुरक्षा प्रावधान की जानकारी देता है

18] एक माइक्रोमीटर (U) बराबर होता है...

ए] 0.1 मिमी

बी] 0.01 मिमी

सी] 0.001 मिमी

डी] 0.0001 मिमी

19] एक स्लॉट की चौड़ाई मापने के लिए कैलीपर है...

ए] अजीब पैर कैलिपर

बी] बाहरी कैलिपर

सी] जेनी कैलिपर

डी] कैलिपरकेअंदर

caliper hand tools

कैलिपर

20] डिवाइडर का आकार ----------- द्वारा निर्दिष्ट किया जाता है

ए] पैरों की कुल लंबाई

बी] पूरी तरह से खुलने पर बिंदुओं के बीच की दूरी

सी] बिना बिंदुओं के पैरों की लंबाई

डी] धुरीऔरबिंदुकेबीचकीदूरी

21] डेटम किनारे के समानांतर समानांतर रेखाओं को चिह्नित करने के लिए इस्तेमाल किया जाने वाला उपकरण है -

ए] जेनीकैलिपर

बी] डिवाइडर

सी] बाहरी कैलिपर

डी] कैलिपर के अंदर

22] निम्नलिखित में से कौन सा एक अप्रत्यक्ष माप उपकरण है?

ए] बाहरीकैलिपर

बी] वर्नियर कैलिपर

सी] स्टील नियम

डी] बाहरी माइक्रोमीटर

23] पतली टयूबिंग काटने के लिए, हैक्सॉ ब्लेड की सबसे उपयुक्त पिच है...

ए] 1.8 मिमी

बी] 1.4 मिमी

सी] 1 मिमी

डी] 0.8 मिमी

24] ठोस पीतल काटने के लिए, हैक्सॉ ब्लेड की सबसे उपयुक्त पिच है...

ए] 1.8 मिमी

बी] 1.4 मिमी

सी] 1 मिमी

डी] 0.8 मिमी

hacksaw Hacksaw Frame Blade

हक्सॉ फ्रेम

25] एक नया हैक्सॉ ब्लेड कुछ स्ट्रोक के बाद ढीला हो जाता है क्योंकि...

ए] ब्लेडकाखिंचाव

बी] विंग-अखरोट के धागे खराब हो रहे हैं

सी] ब्लेड की गलत पिच

डी] आरी के सेट का अनुचित चयन।

26] छोटे व्यास के पाइपों को काटते समय नियमित रूप से देखने और यह सुनिश्चित करने की सलाह दी जाती है कि...

ए] कट घुमावदार रेखा के साथ है

बी] अधिकदेखादांतअनुबंधमेंहैं

सी] काम ज़्यादा गरम नहीं है

डी] हैकसॉ का उचित संतुलन बनाए रखा जाता है

27] वाइस क्लैम्प का उपयोग किया जाता है ...

ए] कठोर जबड़े की रक्षा करें

बी] काम के टुकड़ों को सख्ती से जकड़ें

सी] तैयारसतहोंकीरक्षाकरें

डी] जंगम जबड़े को दाखिल होने से रोकें

28] अंकन के दौरान संदर्भ सतह द्वारा प्रदान की जाती है ...

ए] भूतल गेज

बी] वर्कपीस

सी] काम का चित्रण

डी] तालिकाकीसतहकोचिह्नितकरना

29] एक इंजीनियर के वाइस का आकार किसके द्वारा निर्दिष्ट किया जाता है...

ए] जंगम जबड़े की लंबाई

बी] जबड़ेकीचौड़ाई

सी] वाइस की ऊंचाई

D] जबड़ों का अधिकतम खुलना

30] यूनिवर्सल सरफेस गेज का वह भाग जो एक डेटम एज के साथ समानांतर रेखा खींचने में मदद करता है, वह है ..

ए] रॉकर आर्म

बी] सुखद

सी] ठीक समायोजन पेंच

डी] गाइडपिन

universal surface gauge

Surface Gauge

यूनिवर्सल सरफेस गेज

31] स्क्राइबर किससे बने होते हैं...

ए] माइल्ड स्टील

बी] उच्चकार्बनस्टील

सी] पीतल

डी] कच्चा लोहा

32] हथौड़े के हैंडल को ठीक करने के लिए इस्तेमाल किया जाने वाला हिस्सा है...

एक चेहरा

बी] पीन

सी] गाल

डी] आँखकाछेद

33] अंकन के उद्देश्य के लिए हथौड़े का वजन है...

ए] 250g

बी] 500g

सी] 1 किलो

डी] 2 किग्रा

hammer Hammers

हथौड़ा

34] डिवाइडर का आकार किसके द्वारा निर्दिष्ट किया जाता है...

ए] पैरों की कुल लंबाई

बी] पूरी तरह से खुलने पर बिंदुओं के बीच की दूरी

सी] बिंदुओं के बिना पैरों की लंबाई

डी] धुरीऔरबिंदुकेबीचकीदूरी

35] 'वी' ब्लॉक के खांचे का सम्मिलित कोण हमेशा होता है....

ए] 45◦

बी] 60◦

सी] 90◦

डी] 120◦

36] 'वी' ब्लॉक ग्रेड में उपलब्ध हैं ...

ए] एऔरबी

बी] ए, बी और सी

सी] 1,2 और 3

डी] 1 और 2

37] ग्रेड 'बी' के 'वी' ब्लॉक के बने होते हैं

ए] कच्चालोहा

बी] हल्के स्टील

सी] स्टील

डी] कास्ट स्टील

38] केंद्र का पता लगाने के लिए इस्तेमाल किए जाने वाले पंच का नाम बताइए।

A] प्रिक पंच 30°

B] प्रिक पंच 60°

सी] केंद्रपंच

डी] डॉट पंच

Centre punch 1 Punches

केंद्र पंच

39] सेंटर पंच का पॉइंट एंगल -------- होता है

ए] 30 डिग्री

बी] 50 डिग्री

सी] 900

डी] 1200

40] पंचों का उपयोग किसी भी आकार के ---------- बनाने के लिए किया जाता है

ए] छेद

बी] खनन

सी] नूरलिंग

सपना देखना

41] आम तौर पर वाइस के हैंडल की लंबाई ---------- होती है

ए] वाइस के सामान्य आकार का 1.5 गुना

बी] वाइसकेसामान्यआकारका 2.5 गुना

सी] वाइस के सामान्य आकार का 3.5 गुना

डी] वाइस के सामान्य आकार का 4.5 गुना

bench vice Bench Vice

बेंच वाइस

42] बेंच वाइस स्पिंडल .... का बना होता है।

ए] माइल्डस्टील

बी] कच्चा लोहा

सी] टूल स्टील

डी] कांस्य

43] फाइलों की उत्तलता मदद करती है...

ए] अवतल सतहों को फाइल करने के लिए

बी] उत्तल सतहों को फाइल करने के लिए

सी] कामकेकिनारोंकोगोलकरनेसेरोकनेकेलिए

D] दबाव डालने पर फाइल सीधी हो जाती है

files 1 Files

फ़ाइलें

44] लकड़ी, चमड़ा और अन्य नरम सामग्री भरने के लिए किस फाइल का उपयोग किया जाता है? .

ए] सिंगल कट फाइल

बी] डबल कट फ़ाइल

सी] रास्पकटफ़ाइल

डी] घुमावदार कट फ़ाइल

45] प्रयुक्त फाइल का प्रयोग ------------ के लिए किया जाता है

ए] काम के टुकड़े की सफाई

सी] फ़ाइल दांतों का नवीनीकरण

बी] फाइलदांतोंकीसफाई

डी] चिप्स की सफाई

46] फाइल कार्ड का उपयोग -------- के लिए किया जाता है

ए] काम के टुकड़े को साफ करें

सी] फ़ाइल दांत नवीनीकृत करें

बी] फाइलदांतसाफकरें

47] स्क्राइबर का बिंदु कोण ----------- है

ए] 30 डिग्री

बी] 60 डिग्री

सी] 5° से 10°

<u>डी] 12° से 15°</u>

48] कच्चा लोहा काटने के लिए काटने का कोण है...

ए] 37.5◦

बी] 55◦

सी] <u>60◦</u>

डी] 90◦

chisel hand tools

49] छेनी सामग्री में खोदेगी जब...

ए] रेक कोण अधिक है

बी] निकासी कोण बहुत कम है

सी] <u>झुकावकाकोणअधिकहै</u>

डी] झुकाव का कोण बहुत कम है

50] अत्याधुनिक को थोड़ा उत्तलता दी जाती है...

ए] घुमावदार सतहों को काटें

बी] तेज कोनों को काटें

सी] <u>सिरोंकीखुदाईरोकें</u>

डी] स्नेहक को प्रवेश करने दें

51] सरफेस प्लेट्स किससे बनी होती हैं...

ए] उच्च ग्रेड कास्ट स्टील

बी] <u>महीनदानेवालाकच्चालोहा</u>

सी] मिश्र धातु स्टील्स

डी] गढ़ा लोहा

Surface plates hand tools

52] सतह की प्लेटें उनकी लंबाई और चौड़ाई से निर्दिष्ट होती हैं और में होती हैं
ए] डेसीमीटर
बी] घन मीटर
<u>सी] बेलनाकार</u>
53] एंगल प्लेट के बिना मशीनी हिस्से पर पसलियों को दिया जाता है...
ए] आसान हैंडलिंग
बी] निर्माण में सुविधा
सी] मशीनों पर सेट करते समय क्लैंपिंग
डी] <u>कठोरताऔरविरूपणकोरोकनेकेलिए</u>
54] एंगल प्लेट पर स्लॉट किसके लिए दिए गए हैं...
ए] वजन कम करना
बी] काम को संरेखित करना
सी] हुक का उपयोग करके उठाना
डी] <u>समायोजितबोल्ट</u>।
55] कोण प्लेटों के आकार द्वारा कहा गया है...
भार
बी] लंबाई
सी] लंबाई x चौड़ाई
डी] <u>आकारसंख्या</u>
Q1) पेड़ के पहले बने गोल काले भाग को .... कहते हैं
एक अंगूठी
बी) पिथो
सी) बार्को
डी) कोर्टेक्स
Q 2) निम्नलिखित में से कौन सफेद चींटियों के हमले का विरोध कर सकता है?
ए) देवदार
बी) सागौन
सी) चिरो
डी) कैली

Q 3) एक स्विच बॉक्स के लिए वॉलबोर्ड में एक उद्घाटन काटने के लिए कौन सा आरी सबसे अच्छा विकल्प होगा?

ए) कुंजी छेद देखा

बी) मुकाबला देखा

सी) हक्सॉ

डी) पीछे देखा

Q 4) बैंड आरा मशीन के उस भाग का नाम बताइए जो वर्क पीस को सहारा देने के लिए पहियों के बीच दिया गया है।

मेज़

बी) आर्म

सी) गाइड पोस्ट

डी) कॉलम

प्रश्न 5) जब एक पेड़ बढ़ता है, तो उसकी कई शाखाएँ गिर जाती हैं और इन शाखाओं के तने को तने में ढक दिया जाता है। में

लकड़ी के आरी के टुकड़े गिरी हुई शाखाओं का ठूंठ .... के रूप में दिखाई देते हैं

एक धब्बा

बी) गाँठ

सी) रिज

डी) कील

Q 6) नीचे दी गई आकृति में, कौन सा जोड़ जोड़ है?

ए) संयुक्त ए

बी) संयुक्त बी

सी) संयुक्त सी

डी) संयुक्त डी

Q 7) नीचे दी गई आकृति में जो दिखाया गया है उसे पहचानें।

ए) पिन

बी) पसलियों

सी) डॉवेल्स

डी) कुंजी

Q 8) इनमें से कौन सा जोड़ इतना कमजोर है कि छत बनाते समय इसे स्टील प्लेट या ब्रैकेट से मजबूत करना पड़ता है

पुलिंदा?

ए) डोवेटेल संयुक्त

बी) लगाम संयुक्त

सी) बट संयुक्त

डी) मोर्टिज़ और टेनन संयुक्त

Q 9) एक धागे पर दिए गए बिंदु से अगले धागे पर संबंधित बिंदु तक की दूरी .... कहलाती है

ए) हेलिक्स

बी) लीड

सी) पिच

डी) फ्लैट

Q 10) किस प्रकार का ताला दरवाजे से स्थायी रूप से नहीं जुड़ा होता है?

ए) पैड लॉक

बी) नॉब लॉक

सी) डेडबोल्ट

डी) कैमलॉक

Q 11) बैंड आरा पर क्लिक करने वाला शोर इंगित करता है ....

ए) एक टूटा हुआ व्हील गार्ड

बी) ब्लेड में एक दरार

सी) विद्युत शक्ति ट्रिपिंग

डी) कुछ भी गलत नहीं

Q 12) नीचे दी गई आकृति में किस प्रकार का काज दिखाया गया है?

ए) बट काज

बी) काज को हटा दें

सी) फ्लश काज

डी) सुरक्षा बट काज

Q 13) एक टेबलसॉ का आकार .... द्वारा निर्धारित किया जाता है।

ए) टेबल की ऊंचाई

बी) शाफ्ट व्यास

सी) ब्लेड व्यास

डी) ब्लेड की चौड़ाई

Q 14) नीचे दी गई आकृति में दिखाए गए बॉक्स को .... कहा जाता है।

ए) बढ़ई का बॉक्स

बी) आकार देने वाला बॉक्स

सी) स्लीटिंग बॉक्स

डी) मेटर बॉक्स

Q 15) लकड़ी के चौकोरपन का परीक्षण करने के लिए किस उपकरण का प्रयोग किया जाता है?

एक शासक

बी) फ्रेमिंग स्क्वायर

सी) स्क्वायर का प्रयास करें

डी) संयोजन वर्ग

Q16) नाखून निकालने के लिए किसका प्रयोग किया जाता है?

ए) बॉल पीन हैमर

बी) पंजा हथौड़ा

सी) मैलेट

डी) स्लेज हैमर

Q 17) चित्र में एक लकड़ी के टुकड़े को एक वाइस में रखा हुआ दिखाया गया है। विमान का उपयोग करते समय उसे किस दिशा में चलना चाहिए?

ए) बाएं से दाएं

बी) दाएं से बाएं

सी) किसी भी दिशा में

डी) आंदोलन की दिशा महत्वपूर्ण नहीं है

Q 18) लकड़ी के वर्कपीस में बारीक कट बनाने के लिए किस उपकरण का उपयोग किया जाता है?

ए) हाथ देखा

बी) लकड़ी की आरी

सी) टेनन देखा

डी) चीर देखा

Q 19) नीचे दिए गए चित्र में दिखाए गए टूल के संबंध में कौन सा कथन सत्य नहीं है?

ए) इसे ब्रेस कहा जाता है

बी) यह बरमा बिट्स के साथ प्रयोग किया जाता है

C) इसका उपयोग छोटे व्यास के छेदों की ड्रिलिंग के लिए किया जाता है

डी) यह ड्रिल बिट पर बहुत अधिक बल लगाने की अनुमति देता है

Q 20) ताजी कटी हुई लकड़ी जिसे सुखाया नहीं गया है, ... कहलाती है।

ए) कच्ची लकड़ी

बी) ताजा लकड़ी

सी) हरी लकड़ी

डी) बेस लम्बर

Q 21) ग्लूइंग, जॉइनिंग और असेंबली के दौरान उन्हें क्रम में रखने के लिए बोर्ड या टुकड़ों पर लगाए गए निशान कहलाते हैं

....

ए) विधानसभा के निशान

बी) गवाह के निशान

सी) दृश्यमान निशान

डी) सीमित अंक

Q 22) रेलिंग को सहारा देने वाली सीढ़ी के ऊपर या नीचे की पोस्ट (नीचे दी गई आकृति) को .... कहा जाता है।

ए) नेवेली

बी) मंटिन

सी) ओगी

डी) मोल्ड

Q 23) आरा ब्लेड पर दांतों के अग्रणी किनारे को जिस कोण पर काटा जाता है, उसे कहते हैं

एक चेहरा

बी) रेक

सी) कोण काटना

डी) निकासी कोण

Q 24) अग्नि निकास में किस प्रकार के दरवाजे का उपयोग किया जाता है ....

ए) डबल एक्शन डोर

बी) पैनिक बार के साथ पैनल का दरवाजा

सी) पैनल दरवाजा

डी) परिक्रामी दरवाजा

Q 25) स्लाइडिंग डोर का नुकसान कैबिनेट ओपनिंग का .... उपलब्ध है।

ए) डेढ़

बी) एक तिहाई

सी) एक चौथाई

डी) एक-पांचवां

Q 26) एक चौखट के सबसे ऊपरी सदस्य को .... कहा जाता है।

ए) डोर हेड

बी) दरवाजा रोलर

सी) दरवाजा करीब

डी) दरवाजा जाम

Q 27) वह सदस्य जो एक ढलान वाली छत के सामान्य राफ्ट को सहारा देने के लिए क्षैतिज रूप से रखा जाता है, वह .... है।

ए) पर्लिन

बी) क्लीट

सी) बैटन

डी) स्ट्रट

Q 28) इनमें से कौन एक प्रकार का ट्रस नहीं है?

ए) किंग पोस्ट ट्रस

बी) रानी पोस्ट ट्रस

सी) प्रिंस पोस्ट ट्रस

डी) प्रैट ट्रस

Q 29) एक पेड़ की बाहरी सुरक्षात्मक परत को .... कहा जाता है।

ए) बार्को

बी) बस्ती

सी) कैम्बियम

डी) सैप लकड़ी

Q 30) एक ट्रस के वृद्धि और स्पैन के अनुपात को .... कहा जाता है।

पैमाना

बी) लीड

सी) चोटी

डी) पिच

Q 31) लकड़ी को तराशने के लिए उपयोग किए जाने वाले हैंडल के लंबवत ब्लेड वाले कुल्हाड़ी के समान उपकरण को कहा जाता है ....

ए) अव्लो

बी) Adze

सी) खुरचनी

डी) गौज

प्र 32) जब आप छेनी का उपयोग करते हैं, तो यह महत्वपूर्ण है कि आप ....

ए) दोनों हाथों को हर समय पीछे रखें

बी) अगर छेनी कुंद है तो जोर से मारो

सी) यदि संभव हो तो अनाज में छेनी

डी) हर समय सबसे बड़ी संभव छेनी का प्रयोग करें

Q 33) कौन सा उपकरण मोल्डिंग, ट्रिम किनारों, फॉर्म रिसेस और कट ग्रूव्स का उत्पादन कर सकता है?

ए) जैक प्लेन

बी) बेल्ट सैंडर

सी) पारस्परिक आरा

डी) राउटर

Q 34) एक योजक एक उपकरण है जिसे .... के लिए डिज़ाइन किया गया है

ए) कट माइटर्स

बी) गोंद लागू करें

सी) समतल सतह

डी) संकीर्ण स्टॉक रिप करें

Q 35) यह एक चाकू है जिसके दो हैंडल के बीच ब्लेड होता है। हैंडल ब्लेड के समकोण पर हैं। इसका उपयोग के लिए किया जाता है

स्टॉक के ऊपर ब्लेड खींचकर सतह को चिकना करें। उपकरण का नाम बताइए।

ए) पुलनाइफ

बी) ड्रानाइफ

सी) समकोण चाकू

डी) ब्रिज चाकू

Q 36) एक हेक्सागोनल रिंच को .... के रूप में भी जाना जाता है।

ए) एलन रिंच

बी) स्टिलसन रिंच

सी) सॉकेट रिंच

डी) शाफ़्ट रिंच

Q 37) नीचे दिया गया चित्र दो प्रकार के .... को दर्शाता है।

ए) कैस्टर

बी) कैम्बर्स

सी) रोलर्स

डी) पहियों को खींचें

Q 38) एक ही कोण पर कई बोर्डों के सिरों को काटने का बेहतर तरीका है ....

ए) मेटर बॉक्स

बी) चांदा

सी) संयोजन वर्ग

डी) संयोजन बेवल

प्र 39) आपके पास लकड़ी का एक छोटा खंड है जिसे आप गोल करना चाहते हैं। इस कार्य के लिए उपयुक्त फाइल का नाम बताइए।

ए) सिंगल कट

बी) डबल कट

सी) घुमावदार कट

डी) रास्प कट

Q 40) धातु को चिकना करने और जंग हटाने के लिए इस्तेमाल किया जाने वाला काला सैंडपेपर ....

ए) एमरी

बी) एल्यूमिनियम ऑक्साइड

सी) सिलिकॉन कार्बाइड

डी) झांवा

Q 41) इनमें से कौन लकड़ी के काम में इस्तेमाल होने वाला अपघर्षक खनिज नहीं है?

ए) गार्नेट

बी) सिरेमिक

सी) सिलिकॉन कार्बाइड

डी) कैल्शियम कार्बाइड

Q 42) खराद पर लकड़ी को घुमाने से पहले, सुनिश्चित कर लें कि यह ....

ए) दृढ़ लकड़ी

बी) आरा धूल से मुक्त

सी) दोषों से मुक्त

डी) सॉफ्टवुड

प्र 43) सैंडिंग या पॉलिशिंग से पहले वुड टर्निंग लेथ पर आपको क्या समायोजन करना चाहिए?

ए) टूल रेस्ट को स्टॉक के करीब ले जाएं

बी) टूल रेस्ट को हटा दें

सी) कार्य क्षेत्र में प्रकाश जोड़ें

डी) दूसरा टूल रेस्ट जोड़ें

Q 44) दुकान के फर्श पर फिसलने और गिरने से रोकने में क्या मदद कर सकता है?

ए) छोटी सीढ़ी का उपयोग करना

B) चमड़े के तलवे वाले जूते पहनना

सी) फर्श को अव्यवस्था से मुक्त रखना और फैल को पोंछना

डी) फर्श पर चूरा की एक समान परत रखना

प्र 45) जब सुरक्षा नियम हॉर्सप्ले का उल्लेख करते हैं,

ए) चारों ओर बेवकूफ बनाना

बी) चीजों को इधर-उधर फेंकना

सी) दुकान के फर्श पर जानवर

घ) घोड़ों का खेल खेलना

Q 46) प्लेन का उपयोग करते समय सावधानी से समायोजन करें क्योंकि ब्लेड ....

एक कोमल

बी) बीकेबल

सी तेज

डी) महंगा

Q 47) महंगी लकड़ी की एक पतली परत सस्ते प्लाईवुड के मोटे टुकड़े से बंधी होती है जिससे कि का रूप दिया जा सके

महँगी लकड़ी लेकिन कम कीमत पर कहलाती है......

ए) कॉपसे

बी) लिबास

सी) टिकट

डी) लकड़ी

Q 48) एक तरल पदार्थ जो सूखकर एक कठोर चमकदार लेप में बदल जाता है ....

ए) मोम

बी) प्राइमर

सी) वार्निश

डी) स्टिकर

Q 49) नीचे दिए गए चित्र में दिखाए गए वुड टर्निंग लेथ में f क्या है?

ए) हेडस्टॉक

बी) लॉक नॉब

सी) टूल पोस्ट

डी) टेलस्टॉक

Q 50) जब एक खराद पर फेसिंग ऑपरेशन किया जाता है तो किस प्रकार की सतह उत्पन्न होती है?

फ्लैट

बी) टेपर

सी) बेलनाकार

डी) शंक्वाकार

प्र 51) यदि आप उन्हें गोंद करने की योजना बना रहे हैं तो आप लकड़ी के दो टुकड़ों को एक साथ रखने के लिए क्या उपयोग कर सकते हैं?

ए) हेक्स टूल

बी) बिस्किट जॉइनर

सी) सी - क्लैंप

डी) लीवर

क्यू 52) सीएनसी मशीनों में, जब आप एक नया प्रोग्राम आज़मा रहे हों तो मोड .... सहायक होता है।

ए) एमडीआई

बी) सिंगल ब्लॉक

सी) संपादित करें

डी) प्रारंभ करना

Q 53) प्लंब बॉब का उपयोग .... को सत्यापित करने के लिए किया जाता है।

ए) क्षैतिज स्तर

बी) लंबवत स्तर

सी) समानांतर स्तर

डी) सतह का स्तर

Q 54) निम्नलिखित में से कौन सा अग्निशामक विद्युत आग के लिए उपयुक्त है?

ए) शुष्क रसायन

बी) पानी

सी) फोम

डी) सोडा एसिड

Q 55) पानी का उपयोग __________ को बुझाने के लिए किया जाता है।

ए) क्लास-ए की आग

बी) क्लास-बी की आग

सी) क्लास-सी आग

डी) ये सभी

Q 56) निम्नलिखित में से कौन सा स्ट्रेट कटिंग आरा का एक प्रकार नहीं है?

ए) धनुष देखा

बी) चीर देखा

सी) टेनन देखा

डी) डोवेटेल आरी

Q 57) बढ़ई द्वारा अनाज के साथ काटने के लिए किस उपकरण का उपयोग किया जाता है?

एक विमान

बी) छेनी

सी) चीर देखा

डी) हथौड़ा

Q 58) अन्य प्रकार की आरी की तुलना में, टेनन आरी में __________ होते हैं।

ए) प्रति इंच अधिक दांत

बी) प्रति इंच कम दांत

सी) एक ही दांत प्रति इंच

डी) इनमें से कोई नहीं

Q 59) गोलाकार आरी का क्या उपयोग है?

ए) तेजस्वी

बी) मेटर कटिंग

सी) बेवल काटना

डी) ये सभी

Q 60) कोशिश कर रहे विमान की लंबाई ___________ है।

ए) 600-700 मिमी

बी) 700-800 मिमी

सी) 450-500 मिमी

डी) 800-900 मिमी

Q 61) कौन सा भाग एक पेड़ की आयु को दर्शाता है?

ए) पिथो

लाओ

सी) बार्को

डी) कोर्टेक्स

Q62) लकड़ी का वैज्ञानिक नाम क्या है?

ए) जाइलम

बी) ज़ायलास्ट्रस ऑर्बिकुलेटस

सी) पैरेन्काइमा

डी) साइकाडोफाइटा

Q 63) निम्न में से कौन नरम लकड़ी का उदाहरण है?

ए) देवदार

बी) सालो

सी) ओक

डी) महोगनी

Q 64) बाहरी सतह के सिकुड़ने के कारण लट्ठे के बाहर की दरार को ________ कहा जाता है।

ए) पवन दरार

बी) रिंग शेक

सी) परेशान

डी) वेन

Q 65) निम्नलिखित में से कौन छेनी का एक प्रकार नहीं है?

ए) गर्म छेनी

बी) बेंच छेनी

सी) बट छेनी

डी) कैबिनेट छेनी

Q 66) लकड़ी की गुणवत्ता ____________ पर निर्भर नहीं करती है।

ए) पेड़ का आकार

बी) पेड़ की परिपक्वता

सी) लकड़ी का वजन

डी) पेड़ का प्रकार

Q 67) आकृति में दिखाए गए हस्त उपकरण की पहचान करें?

ए) गिमलेट

बी) स्क्रूड्राइवर

सी) स्टार-हेड स्क्रूड्राइवर

डी) फ्लैट नाक सरौता

Q 68) आकृति में दिखाए गए हस्त उपकरण की पहचान करें?

ए) हैंड ड्रिल

बी) गिमलेट

सी) शाफ़्ट ब्रेस

डी) इलेक्ट्रिक ड्रिल

Q 69) ____________ जोड़ का उपयोग उच्च गुणवत्ता वाले फर्नीचर दराज निर्माण में किया जाता है।

ए) लैप्ड डोवेटेल

बी) खरगोश

सी) दादो

डी) लैप

Q 70) निम्नलिखित में से कौन-सा एक बॉक्स जोड़ है?

ए) संयुक्त संयुक्त

बी) टी आधा करना

सी) कॉर्नर हॉल्टिंग

डी) टेनन और मोर्टिज़

Q 71) ____________ जोड़ों को लकड़ी के दो टुकड़ों को जोड़कर एक सदस्य की लंबाई बढ़ाने के लिए लगाया जाता है।

ए) लंबा करना

बी) कोण

सी) लैप्ड

डी) चौड़ीकरण

Q 72) घनत्व की गणना _______ द्वारा की जाती है।

ए) मास वॉल्यूम

बी) वॉल्यूम मास

सी) वॉल्यूम एक्स मास

डी) वजन एक्स मोटाई

Q 73) निम्नलिखित में से कौन स्क्रू ड्राइवर का हिस्सा है?

एक ब्लेड

बी) टिप

सी) शंकु

डी) ये सभी

Q 74) आकृति में दिखाए गए हस्त उपकरण की पहचान करें?

ए) पिनसर

बी) संयोजन सरौता

सी) टोंग

डी) फ्लैट नाक सरौता

Q 75) नीचे दिए गए चित्र में कौन सी रूपांतरण विधि दिखाई गई है?

ए) स्पर्शरेखा काटने का कार्य

बी) समानांतर काटने का कार्य

सी) रेडियल काटने का कार्य

डी) क्वार्टर काटने का कार्य

Q 76) फाइबर बोर्ड को ___________ के रूप में भी जाना जाता है।

ए) दबाया लकड़ी

बी) पारित लकड़ी

सी) हल्की लकड़ी

डी) इनमें से कोई नहीं

क्यू 77) लकड़ी की रोटरी कट की एक पतली शीट, एक लॉग से कटा हुआ या आरी का उपयोग किया जाता है जिसका उपयोग एक बेहतर फेसिंग से लेकर अवर लकड़ी के रूप में किया जाता है

प्लाईवुड ____________ है।

ए) लिबास

बी) कण शीट

सी) क्रॉस बॉन्ड परत

डी) विनाइल शीट

Q 78) यह लकड़ी की पतली परतों को आपस में इस प्रकार जोड़कर बनाया जाता है कि प्रत्येक परत के दाने समकोण पर हों।

बगल की परत से। यह है____________।

ए) प्लाईवुड

बी) लकड़ी का निर्माण

सी) कॉर्क बोर्ड

डी) हार्ड बोर्ड

Q 79) प्लाईवुड में किस परत को "कोर" कहा जाता है?

ए) मध्य परत

बी) ऊपरी परत

सी) शीर्ष परत

डी) साइड लेयर

Q 80) कौन सा कथन प्लाईवुड का लाभ नहीं है?

ए) यह सिकुड़ जाएगा और आसानी से विकृत हो जाएगा

बी) यह बहुत बड़े आकार में निर्मित होता है

सी) यह वजन में हल्का है

डी) इसे आसानी से काम किया जा सकता है और आकार और डिजाइन में झुकाया जा सकता है

Q 81) बढ़ईगीरी के काम के लिए पेड़ का कौन सा हिस्सा ज्यादातर उपयोगी है?

ए) दिल की लकड़ी

बी) सैप लकड़ी

सी) बार्को

डी) रूट

Q 82) आरी की धार तेज करने के लिए किस वाइस का प्रयोग किया जाता है ?

ए) वाइस देखा

बी) बढ़ई वाइस

सी) बार क्लैंप

डी) सी- क्लैंप

Q 83) निम्नलिखित में से कौन इमारती लकड़ी का परिरक्षक नहीं है?

ए) गोंद

बी) तारो

सी) क्रेओसोट

डी) रासायनिक नमक

Q 84) सिंगल कट फाइल का कोण________ होता है।

ए) 60˚

बी) 51˚

सी) 70˚

डी) 90˚

Q 85) आरी को नुकीला बनाने के लिए इस्तेमाल की जाने वाली फाइल _________ है।

ए) त्रिकोणीय फ़ाइल

बी) हाफ राउंड फाइल

सी) अनियमित फ़ाइल

डी) ऑगर बिट फ़ाइल

Q 86) "गाँठ" इमारती लकड़ी में एक प्रकार का दोष है, जो ___________ के कारण होता है।

ए) प्राकृतिक कारण

बी) मसाला

सी) कवक द्वारा हमला

डी) कीड़ों द्वारा हमला

Q 87) मसाला बनाने का सबसे तेज़ और प्रभावी तरीका कौन सा है?

ए) इलेक्ट्रिक मसाला

बी) भट्ठा मसाला

सी) प्राकृतिक मसाला

डी) रासायनिक मसाला

Q 88) निम्नलिखित में से कौन एक प्रकार की गैर-दुर्दम्य इमारती लकड़ी है?

ए) देवदार

बी) सागौन

सी) शीशम

डी) सालो

Q 89) _________________ जोड़ बढ़ईगीरी जोड़ का सबसे सरल रूप है।

ए) डोवेटेल

बी) खरगोश

सी) उंगली

डी) लैप

Q 90) फर्नीचर के लिए किस प्रकार की लकड़ी सबसे अच्छी है?

चेरी

बी) सफेद ओक

सी) पाइन

डी) सागौन

Q 91) आकृति में दिखाई गई कुर्सी को पहचानिए।

ए) लकड़ी से लैस कुर्सी

बी) स्टील सशस्त्र कुर्सी

सी) लकड़ी की आर्मलेस कुर्सी

डी) लकड़ी का स्टूल

Q 92) निम्नलिखित में से कौन एक प्रकार का गोलाकार आरी ब्लेड है?

ए) क्रॉसकट

बी) तेजस्वी

सी) संयोजन

डी) ये सभी

Q 93) कौन सा आरी ऑपरेशन सर्कुलर आरा मशीन से संबंधित नहीं है?

ए) चीर देखा

बी) मोल्ड काटना

सी) मेटर कटिंग

डी) क्रॉस कटिंग

Q 94) योजना बनाने से पहले, हमें __________ के लिए सतह का निरीक्षण करना चाहिए।

ए) टर्निंग

बी) वारपिंग

सी) सही आयाम

डी) ट्रिमिंग

Q 95) बैंड आरा मशीन का अधिकतम टाइलिंग कोण ______ है।

ए) 45°

बी) 60°

सी) 90°

डी) 120°

Q 96) बैंड आरा के आकार ____________ द्वारा निर्धारित किए जाते हैं।

ए) व्हील व्यास

बी) ब्लेड मोटाई

सी) टेबल का आकार

डी) इनमें से कोई नहीं

Q 97) खोखली छेनी मोर्टिजिंग मशीन ड्रिल की क्रिया के साथ एक ___________ छेनी की कटिंग को जोड़ती है

केंद्र में बिट।

ए) चार तरफा

बी) दो तरफा

सी) तीन तरफा

डी) इनमें से कोई नहीं

Q 98) मोर्टिजर मशीन एक __________ मशीन है, जिसका उपयोग वर्गाकार और आयताकार ड्रिल करने के लिए किया जाता है

लकड़ी।

ए) लकड़ी का काम

बी) धातु का काम

सी) मिट्टी का काम

डी) इनमें से कोई नहीं

Q 99) चित्र में दिखाए गए बढ़ई उपकरण का नाम क्या है?

ए) क्लॉ हैमर

बी) बॉल पीन हैमर

सी) क्रॉस पीनहैमर

डी) स्ट्रेट पीन हैमर

Q 100) निम्नलिखित में से कौन सा फर्नीचर टेबल का प्रकार नहीं है?

ए) चाय की मेज

बी) कंप्यूटर टेबल

सी) खाने की मेज

डी) एक्सेल टेबल

Q 101) पावर प्लेन अनिवार्य रूप से एक __________ है जो कटर बार को चलाता है।

ए) हाई स्पीड मोटर

बी) हाई स्पीड इंजन

सी) कम गति वाली मोटर

डी) इनमें से कोई नहीं

Q 102) सैंडिंग डिस्क __________ का उपयोग करके स्थापित की जाती हैं।

ए) विभिन्न आकारों के दो रिंच

बी) दबाव के प्रति संवेदनशील चिपकने वाला

सी) तनाव घुंडी

डी) चक कुंजी

क्यू 103) चित्र में दिखाए गए सैंडिंग मशीन के प्रकार की पहचान करें।

ए) डिस्क सैंडर

बी) बेल्ट सैंडर

सी) स्पिंडल सैंडर

डी) गियर सैंडर

Q 104) फ्रेम और पैनल निर्माण में, बाहरी ऊर्ध्वाधर फ्रेम सदस्य __________ होते हैं।

ए) स्टाइल्स

बी) रेल्स

सी) लॉक रेल

डी) मुलियन

क्यू 105) __________ खिड़कियां स्लाइडिंग दरवाजे के समान हैं और शटर रोलर बीयरिंग पर चलता है, या तो

क्षैतिज या लंबवत।

ए) स्लाइडिंग

बी) स्विंगिंग

सी) रोलिंग

डी) धातु

Q 106) स्लाइडिंग विंडो एक प्रकार की विंडो है जिसमें शटर ___________ चलता है।

ए) क्षैतिज

बी) लंबवत

सी) या तो क्षैतिज या लंबवत

डी) इनमें से कोई नहीं

प्रश्न 107) सतह पर पोटीन लगाने का मुख्य उद्देश्य क्या है?

ए) दीवार की सतह पर किसी भी हेयरलाइन दरार या छेद को भरने के लिए

बी) पेंटिंग के लिए तैयार एक समान, समतल सतह बनाने के लिए,

ग) पानी के रिसाव को रोकने या कम करने के लिए

डी) ये सभी

Q 108) उस सहायक का नाम बताइए जिसका उपयोग ड्रिलिंग मशीन में नहीं किया जाता है।

ए) उपकरण धारक

बी) आस्तीन

सी) सॉकेट

डी) ड्रिल चक

Q 109) A __________ एक बिजली उपकरण है जो भारी-भरकम कार्य जैसे ड्रिलिंग और छेनी को कठिन रूप से कर सकता है

सामग्री।

ए) रोटरी हथौड़ा

बी) जैक प्लेन

सी) बेल्ट सैंडर

डी) पारस्परिक आरा

Q 110) एक ढलान वाली छत की रिज लाइन पर प्रदान किया गया लकड़ी का टुकड़ा __________ के रूप में जाना जाता है।

ए) बाद में

पुल

सी) गेबल

डी) पिच

क्यू 111) __________ छतों में, बिना किसी मध्यवर्ती समर्थन के सामान्य बाद में खुद को प्रदान किया जाता है।

एक भी

बी) डबल

सी) पर्लिन

डी) ट्रस्ड

Q 112) नीचे दिया गया चित्र a____________ दिखाता है।

ए) रानी पोस्ट ट्रस

बी) किंग पोस्ट ट्रस

सी) रानी पोस्ट और किंग पोस्ट ट्रस दोनों

डी) इनमें से कोई नहीं

क्यू 113) ________ फर्श में सिंगल जॉइस्ट होते हैं जो फ्लोर बोर्ड के नीचे रखे जाते हैं।

ए) एकल संयुक्त लकड़ी का फर्श

बी) सिंगल जॉइस्ट टिम्बर फ्लोर

सी) एकल लकड़ी का फर्श

डी) जोस्ट फ्लोर

Q 114) सैंड पेपर की शीट की मोटाई ____________ आकार निर्धारित करती है।

ए) ग्रिट

बी) सैंड

सी) कागज

डी) एल्यूमिनियम ऑक्साइड

Q 115) बढ़ई द्वारा लकड़ी को चिकना करने के लिए किस उपकरण का उपयोग किया जाता है?

एक विमान

बी) छेनी

सी) चीर देखा

डी) रास्प

Q 116) लकड़ी की नमी की मात्रा में परिवर्तन के परिणामस्वरूप लकड़ी का ____________ हो सकता है जो तनाव और दरार कर सकता है

कोटिंग्स

ए) सूजन

बी) संकोचन

सी) सूजन और सिकुड़न दोनों

डी) इनमें से कोई नहीं

Q 117) _____________ लकड़ी से लोहे के दाग हटाने में विशेष रूप से प्रभावी है।

ए) ऑक्सालिक एसिड

बी) ब्लीच

सी) पानी

डी) तेल

Q 118) प्राइमरों का उपयोग __________ में किया जाता है।

ए) पेंटिंग से पहले

बी) पेंटिंग के बाद

सी) पेंट के साथ

डी) इनमें से कोई नहीं

Q 119) सबसे टिकाऊ वार्निश ____________ है।

ए) तेल वार्निश

बी) जल वार्निश

सी) स्प्रिट वार्निश

डी) ये सभी

Q 120) वुड वर्किंग सीएनसी राउटर में, सीएनसी का मतलब ________ है।

ए) कंप्यूटर संख्यात्मक नियंत्रण

बी) नियंत्रण संख्यात्मक नियंत्रण

सी) कंप्यूटर नंबर नियंत्रण

डी) काउंटर न्यूमेरिक कंट्रोल

Q 121) सीएनसी ऑपरेशन में G00 __________ के लिए एक कोड है।

ए) रैपिड पोजिशनिंग

बी) रैखिक इंटरपोलेशन

सी) परिपत्र इंटरपोलेशन

डी) इनमें से कोई नहीं

Q 122) सीएनसी ऑपरेशन में M00 __________ के लिए एक कोड है।

ए) प्रोग्राम स्टॉप

बी) स्पिंडल स्टार्ट

सी) उपकरण परिवर्तन

डी) शीतलक चालू

Q 123) लकड़ी का घनत्व निर्धारित करते समय नमी की मात्रा क्या होनी चाहिए?

ए) 12%

बी) 18%

सी) 20%

डी) 22%

Q 124) वुड टर्निंग लेथ मशीन का मुख्य घटक ___________ है।

ए) हेड स्टॉक और स्पिंडल

बी) टेल स्टॉक और पॉपपेट बैरल

सी) बिस्तर और उपकरण आराम

डी) ये सभी

Q 125) स्पिंडल टर्निंग में लाइव सेंटर और ____________ के बीच रखे गए टर्निंग स्टॉक शामिल हैं।

ए) स्पर

बी) उपकरण आराम

सी) हेडस्टॉक

डी) मृत केंद्र

Q 126) मशीन पर काम करते समय पहली प्राथमिकता है-

ए) कोई गलती न करें

बी) आसपास के अन्य लोगों को देखें

ग) हमेशा सुरक्षा के बारे में सोचना

डी) इनमें से कोई नहीं

Q 127) लकड़ी पर मोम की पॉलिश निम्नलिखित में से किस श्रेणी में आती है?

ए) बाष्पीकरणीय

बी) साफ़ करें

सी) पानी आधारित

डी) इनमें से कोई नहीं

Level 1 Answer key

Question No.	Option	Question No.	Option	Question No.	Option	Question No.	Option	Question No.	Option
1	B	31	B	61	B	91	A	121	A
2	B	32	A	62	A	92	D	122	A
3	A	33	D	63	A	93	B	123	A
4	A	34	C	64	A	94	C	124	D
5	B	35	B	65	A	95	A	125	D
6	D	36	A	66	A	96	A	126	A
7	C	37	A	67	A	97	A	127	A
8	C	38	A	68	A	98	A		
9	C	39	D	69	A	99	A		
10	A	40	A	70	A	100	D		
11	B	41	D	71	A	101	A		
12	B	42	C	72	A	102	C		
13	C	43	B	73	D	103	A		
14	D	44	C	74	A	104	A		
15	C	45	A	75	D	105	A		
16	B	46	C	76	A	106	A		

17	A	47	B	77	A	107	D
18	C	48	C	78	A	108	A
19	C	49	D	79	A	109	A
20	C	50	A	80	A	110	B
21	B	51	C	81	A	111	A
22	A	52	B	82	A	112	A
23	B	53	B	83	A	113	B
24	B	54	A	84	A	114	A
25	A	55	A	85	A	115	A
26	A	56	A	86	A	116	C
27	A	57	C	87	A	117	A
28	C	58	A	88	A	118	A
29	A	59	D	89	D	119	A
30	D	60	A	90	D	120	A

58] गैस वेल्डिंग में फ्लक्स का एक कार्य है...

ए] धातुआक्साइडभंग

बी] मानसिक के गलनांक को कम करें

सी] लौ का तापमान बढ़ाएं

डी] जड़ पैठ बढ़ाएँ

59] सिंगल वी के वी ग्रूव का कोण लेकिन कच्चा लोहा वेल्डिंग के लिए जोड़ है...

ए] 60◦

बी] 70◦

सी] 80◦

डी] 90◦

60] निम्नलिखित में से किस कारक पर गैस वेल्डिंग के लिए फ्लक्स का चुनाव निर्भर करता है?

ए] शामिलहोनेवालीसामग्रीकाप्रकार

बी] किनारे के प्रवेश का प्रकार

सी] ईंधन गैस का प्रकार

डी] इस्तेमाल की जाने वाली लौ का प्रकार

61]। कांस्य वेल्ड 10 मिमी मोटी कास्ट आयरन जॉब के लिए आवश्यक नोजल आकार क्या है?

ए] 5

बी] 7

सी] 10

डी] 13

bronze welding

wd Bronze welding
Brazing

कांस्य वेल्डिंग

62] कच्चा लोहा की कांस्य वेल्डिंग के लिए उपयुक्त भराव छड़ बताएं

ए] पीतल

बी] सिलिकॉनकांस्य

सी] मैंगनीज कांस्य

डी] सुपर सिलिकॉन कच्चा लोहा

63] कच्चा लोहा के कांस्य वेल्डिंग में, आधार धातु को एक तापमान तक गर्म किया जाता है...

ए] 300◦सी

बी] <u>650◦सी</u>

सी] 1000◦सी

डी] 1300◦सी

64] तांबे की फ्यूजन वेल्डिंग के लिए प्रयुक्त फिलर रॉड का नाम बताएं

ए] मैंगनीज कांस्य रॉड

बी] <u>कॉपरसिल्वरएलॉयरॉड</u>

सी] सिलिकॉन कांस्य रॉड

डी] शुद्ध तांबे की छड़

65] एक 300 मिमी लंबे तांबे के बट संयुक्त गैस वेल्डिंग के लिए आवश्यक विचलन भत्ता है...

ए] 1 से 2 मिमी

बी] 2 से 3 मिमी

सी] <u>3 से 4 मिमी</u>

डी] 4 से 5 मिमी

66] 4 मिमी मोटे तांबे के बट के जोड़ को गैस वेल्डिंग के लिए की जाने वाली बढ़त का प्रकार है...

ए] सिंगल बेवेल

बी] <u>सिंगलवी</u>

सी] डबल वी

डी] वर्ग

67] 3.15 मिमी मोटे तांबे के बट के जोड़ की कांस्य वेल्डिंग के लिए इस्तेमाल किया जाने वाला नोजल आकार है...

ए] 5

बी <u>] 7</u>

सी] 10

डी] 13

68] 3 मिमी मोटी पीतल की शीट पर बट जोड़ को वेल्डिंग करने के लिए आवश्यक फिलर रॉड का आकार बताएं

ए] 1.6 मिमी

बी] 2 मिमी

सी] 2.5 मिमी

डी] <u>3 मिमी</u>

69] उस वेल्ड दोष का नाम बताइए जो 3 मिमी मोटी पीतल की शीट की वेल्डिंग के लिए No] 3 नोजल का उपयोग करने पर होगा

ए] अंडरकट

बी] के माध्यम से जला

सी] सरंध्रता

डी] पैठकीकमी

wd Aluminium butt joints

aluminium butt joint

एल्यूमीनियमबटसंयुक्त

70] गैस वेल्ड के लिए प्रयुक्त नोजल का आकार 3.15 मिमी मोटा एल्यूमीनियम बट जोड़ है...

ए] 13

बी] 10

सी] 7

डी] 5

71] 2 मिमी मोटी स्टेनलेस स्टील शीट को बट जोड़ के रूप में वेल्डिंग के लिए इस्तेमाल किया जाने वाला नोजल आकार है...

ए] 2

बी] 3

सी] 5

डी] 7

72] एल्युमिनियम की गैस वेल्डिंग के लिए प्रीहीटिंग तापमान का मान क्या है?

ए] 100 से 120◦C

बी] 150 से 180◦C

सी] 180 से 200◦C

डी] 210 से 250◦C

Q 5] गैस वेल्डिंग में ऊष्मा का स्रोत ________ है

ए] वोल्टेज

बी] थर्मिट

सी] गैसलौ

डी] बिजली

Q 6] आर्क वेल्डिंग में निम्नलिखित में से किस उपकरण का उपयोग किया जाता है?

ए] <u>इलेक्ट्रोडधारक</u>

बी] ऑक्सीजन गैस सिलेंडर

सी] वेल्डिंग ब्लोपाइप

डी] इनमें से कोई नहीं

Q 7] निम्नलिखित में से कौन सा उपकरण गैस वेल्डिंग में प्रयोग किया जाता है?

ए] गैस नियामक

बी] ऑक्सीजन गैस सिलेंडर

सी] वेल्डिंग ब्लोपाइप

डी] <u>येसभी</u>

Q 8] निम्नलिखित में से कौन-सी धातु के जुड़ने की प्रक्रिया है?

ए] वेल्डिंग

बी] ब्रेजिंग

सी] रिवेटिंग

डी] <u>येसभी</u>

Q 9] निम्नलिखित में से कौन सी विधि स्थायी जोड़ बनाती है?

ए] <u>वेल्डिंग</u>

बी] रिवेटिंग

सी] बोलिंग

डी] इनमें से कोई नहीं

Q 10] दिए गए उपकरण को पहचानें]

ए] टिप क्लीनर

बी] वेल्डिंग स्क्रीन

सी] <u>इलेक्ट्रोडधारक</u>

डी] इनमें से कोई नहीं

Q 11] उदासीन ज्वाला के बारे में निम्नलिखित में से कौन सा कथन सत्य है?\

A] इस ज्वाला में पूर्ण दहन होता है]

बी] हल्के स्टील की वेल्डिंग के लिए तटस्थ लौ का उपयोग किया जाता है]

C] न्यूट्रल फ्लेम में दो जोन होते हैं]

डी] <u>येसभी</u>

Q 12] कैल्शियम कार्बाइड के पानी से अभिक्रिया करने पर कौन सी गैस उत्पन्न होती है?

ए] <u>एसिटिलीन</u>

बी] ऑक्सीजन

सी] नाइट्रोजन

डी] आर्गोन

Q 13] माइल्ड स्टील की वेल्डिंग के लिए किस प्रकार की ऑक्सी-एसिटिलीन फ्लेम का उपयोग किया जाता है?

ए] तटस्थलौ

बी] ऑक्सीकरण लौ

सी] कार्बराइजिंग लौ

डी] अम्लीय लौ

Q 14] निम्न में से कौन ऑक्सी-एसिटिलीन ज्वाला का एक प्रकार नहीं है

ए] तटस्थ लौ

बी] ऑक्सीकरण लौ

सी] कार्बराइजिंग लौ

डी] अम्लीयलौ

Q 15] एसिटिलीन गैस का रासायनिक सूत्र क्या है?

ए] सीएच

बी] सीएच2

सी] C2H2

डी] इनमें से कोई नहीं

प्रश्न 16] चित्र में दिखाए गए ऑक्सी-एसिटिलीन गैस की लौ के प्रकार की पहचान करें]

ए] तटस्थ लौ

बी] ऑक्सीकरण लौ

सी] कार्बराइजिंगलौ

डी] इनमें से कोई नहीं

Q 17] वातावरण में ऑक्सीजन लगभग ______% है]

ए] 78

बी] 0]03

सी] 21

डी] 7

Q 18] ऑक्सीजन गैस का रासायनिक प्रतीक क्या है?

एसी

बी] सीएच

सी] N2

डी] O2

Q 19] ऑक्सीजन गैस सिलेंडर का रंग ______ होता है।

एक हरा रंग

बी] <u>काला</u>

सी] लाल

डी] नीला

Q 20] गैस नियामक का कार्य ______ है।

ए] विभिन्न प्रकार की लपटें प्राप्त करना

B] गैसों के मिश्रण को अपेक्षित अनुपात में मिलाना

सी] नली पाइप साफ करने के लिए

डी] <u>कामकेदबावकीस्थापना</u>

Q 21] गैस वेल्डिंग ब्लोपाइप का नोजल किस धातु से बना होता है?

ए] माइल्ड स्टील

बी] <u>कॉपर</u>

सी] कच्चा लोहा

डी] टिन

प्रश्न 22] चित्र में दिखाए गए उपकरणों की पहचान करें]

ए] गैस नियामक

बी] <u>वेल्डिंगब्लोपाइप</u>

सी] टिप क्लीनर

डी] स्पार्क लाइटर

Q 23] ब्रेजिंग में फ्लक्स के रूप में निम्नलिखित में से किसका उपयोग किया जाता है?

ए] बोरेक्स

बी] बोरिक एसिड

सी] <u>बोरेक्सऔरबोरिकएसिडदोनों</u>

डी] इनमें से कोई नहीं

Q 24] निम्न में से कौन सी लौ लौ से पहले गर्म करने के लिए उपयुक्त है
काट रहा है?

ए] ऑक्सीकरण लौ

बी] <u>तटस्थलौ</u>

सी] कार्बराइजिंग लौ

डी] इनमें से कोई नहीं

Q 25] अगर गैस कटिंग में बहुत कम ऑक्सीजन की आपूर्ति की जाए तो क्या होगा?

ए] धातु ठंडा हो जाएगा

बी] केर्फ संकरा होगा

सी] केर्फ चौड़ा होगा

D] <u>धातुपूरीतरहसेनहींकटेगी</u>

Q 26] निम्नलिखित में से कौन-सा मैनिफोल्ड सिस्टम का एक प्रकार है?

ए] पोर्टेबल

बी] स्टेशनरी

सी] <u>पोर्टेबलऔरस्थिरदोनों</u>

डी] इनमें से कोई नहीं

क्यू 27] चित्र में दिखाए गए वेल्डिंग दोष की पहचान करें]

ए] ओवरलैप

बी] <u>अंडरकट</u>

सी] क्रैक \

डी] संलयन की कमी

Q 28] उस गैस वेल्डिंग दोष का नाम बताइए जिसमें कितने पिनहोल बने?

जमा धातु की सतह पर]

एक दरार

बी] <u>सरंध्रता</u>

सी] संलयन की कमी

डी] विधि जांचें और भूल जाएं

Q 29] ऑक्सी-एसिटिलीन गैस में निम्नलिखित में से किस उपकरण का उपयोग किया जाता है

काट रहा है?

ए] स्पार्क लाइटर

बी] टिप क्लीनर

सी] मशाल काटना

डी] <u>येसभी</u>

Q 30] निम्नलिखित में से किस धातु को ऑक्सी एसिटिलीन गैस द्वारा काटा जा सकता है

काटने की प्रक्रिया?

ए] <u>माइल्डस्टील</u>

बी] एल्यूमिनियम

सी] कॉपर

डी] ये सभी

प्लम्बर सिद्धांत स्तर-1

प्रश्न 1. नीचे दिखाए गए प्लंबिंग चिन्ह को पहचानें।

ए)। गेंद वाल्व

बी)। रिलीफ वाल्व

सी)। वाल्व जांचें

डी)। पावर वाल्व

Q 2. ____________ के लिए एक बिट ब्रेस का उपयोग किया जाता है।

ए)। एक छेद

बी)। रीम ए होल

सी)। एक छेद थ्रेड

डी)। एक छेद पीसें

Q 3. नीचे दी गई आकृति में दिखाए गए टूल को ____________ कहा जाता है।

ए) पाइप रिंच

बी) स्टिलसन रिंच

सी) दोनों पाइप रिंच और स्टिलसन रिंच

डी) न तो पाइप रिंच और न ही स्टिलसन रिंच

Q 4. एक सोल्डरिंग बिट में ___________ का एक टुकड़ा होता है जिसे लकड़ी के हैंडल के साथ लोहे की छड़ से बांधा जाता है।

ए)। टिन

बी)। ताँबा

सी)। प्रमुख

डी)। जस्ता

प्रश्न 5. कई बुनियादी रूप हैं जिन्हें एक ट्यूब के अंत में लागू किया जा सकता है। नीचे दिए गए चित्र में दिखाए गए टूल का उपयोग करके कौन सा फॉर्म लागू किया जाता है?

कटौती

बी) विस्तार

सी) फ्लेयरिंग

डी) बीडिंग

प्रश्न 6. सीवरों के बंद होने का क्या कारण है?

ए)। अवसादन

बी)। कम निर्वहन

सी)। मैनहोल में फेंका गया घरेलू कचरा

डी)। ये सभी

प्रश्न 7. नीचे दिया गया चित्र एक दिखाता है:-

ए) फ्लोर ट्रैप

बी) गली ट्रैप,

सी) बोतल जाल

डी) इंटरसेप्टिंग ट्रैप

Q 8. सिंगल स्टैक वेस्ट सिस्टम में ____________।

ए)। मिट्टी के कचरे को अपशिष्ट जल के लिए अलग से छोड़ा जाता है

बी)। सभी कचरे को एक ही अपशिष्ट पाइप में छोड़ा जाता है

सी)। केवल अपशिष्ट जल छोड़ा जाता है

डी)। केवल मिट्टी के कचरे का निर्वहन किया जाता है

Q 9. सुचारू जल निकासी सुनिश्चित करने के लिए किस डिग्री के दबाव की आवश्यकता होती है?

ए)। कम दबाव

बी)। अधिक दबाव

सी)। यह दबाव की बात नहीं है

डी)। यह गुरुत्वाकर्षण की बात है

Q 10. रिवर्स फ्लो को रोकने के लिए ड्रेनेज सिस्टम में स्थापित एक उपकरण ___________ है।

ए)। बैक फ्लो वाल्व

बी)। बैक-साइफ़ोनेज

सी)। उलटी धारा का निवारक

डी)। बैक-वेंट पाइप

प्रश्न 11. बिडेट क्या है?

ए)। उत्सर्जन अंगों को धोने के लिए एक स्वच्छता उपकरण

बी)। एक प्रकार का जाल

सी)। एक प्रकार का मिक्सिंग टैप

डी)। एक प्रकार का मूत्रालय

प्रश्न 12. विभिन्न प्रकार के जलाशय टैंक उपयोग में हैं। जीआई टैंक के बारे में क्या सच नहीं है? ए)। यह आम तौर पर आयताकार या चौकोर आकार का होता है

बी)। यह लंबे समय तक रहता है

सी)। यह जंग के अधीन है

डी)। इसकी रखरखाव लागत अधिक है

Q 13. टाइल की तीन दीवारों से घिरा टब किस प्रकार के टब का उदाहरण है?

ए) संलग्न

बी) वॉक-इन

सी) व्हर्लपूल

डी) फ्री स्टैंडिंग

Q 14. मुक्त खड़े आधार (नीचे चित्र) द्वारा समर्थित बेसिन को क्या कहा जाता है:-

ए) दीवार लटका बेसिन

बी) काउंटर बेसिन के ऊपर

सी) पेडस्टल बेसिन

डी) इनसेट बेसिस

प्रश्न 15. "वाटरलेस यूरिनल" के बारे में क्या सत्य नहीं है?

ए)। इसमें पानी के सेवन के लिए पाइप नहीं है

बी)। गुरुत्वाकर्षण मूत्रालय को बहा देता है

सी)। बहिर्वाह पाइप नियमित फ्लशिंग सिस्टम से जुड़ा है

डी)। यह प्लावित है

Q 16. एक नल को _________ भी कहा जाता है।

ए)। पहलू

बी)। कपड़ा साफ करनेवाला

सी)। नल

डी)। फालर

प्रश्न 17. गलत दिशा में प्रवाह को रोकने के लिए, आकृति में दिखाए गए प्रकार के वाल्व का उपयोग किया जाता है। इस वाल्व को क्या कहा जाता है?

ए)। सीट वाल्व

बी)। चोटा सा वाल्व

सी)। वाल्व जांचें

डी)। विश्व वाल्व

प्रश्न 18. इनमें से कौन पाइप में रिसाव का कारण बन सकता है?

ए) उन्नत अवस्था में पाइपों में जंग लगना

बी) अवक्रमित मुहरें

सी) अतिरिक्त पानी का दबाव

डी) ये सभी

प्रश्न 19. किस प्रकार का सीवर बड़े क्षेत्र के लिए एक आउटलेट के रूप में कार्य करता है?

ए)। पार्श्व सीवर

बी)। मुख्य सीवर

सी)। शाखा सीवर

डी)। अलग सीवर

Q 20. इनमें से किसे शट ऑफ वाल्व के रूप में जाना जाता है?

ए)। वायु राहत वाल्व

बी)। स्लुइस वाल्व

सी)। दबाव राहत मुड़ने वाला फाटक

डी)। ऊंचाई वाल्व

Q 21. स्वच्छ जल निकासी प्रणाली में अस्वास्थ्यकर गैसों के पलायन को रोकने वाला जल स्तंभ है: -

ए)। साइफन स्तर

बी)। पानी की सील

सी)। एयर लॉक

डी)। हवा सदन

Q 22. मिट्टी और अपशिष्ट पाइप और जोड़ने वाली शाखाओं को हवादार करने के लिए स्थापित एक प्रकार का वेंट है: -

ए)। लूप वेंट

बी)। राहत वेंट

सी)। यूनिट वेंट

डी)। सर्किट वेंट

Q 23. मिक्सिंग टैप में गर्म पानी का कनेक्शन ___________ को दिया जाता है।

ए)। उपयोगकर्ता का दाहिना भाग

बी)। उपयोगकर्ता के बाईं ओर

सी)। उपयोगकर्ता के दोनों ओर

डी)। उपयोगकर्ता का कोई भी पक्ष

Q 24. सीपेज को सीवेज टर्मिनल ____________ के रूप में परिभाषित किया गया है।

ए)। तरल और ठोस अपशिष्ट दोनों प्राप्त करना

बी)। केवल तरल अपशिष्ट प्राप्त करना

सी)। केवल ठोस अपशिष्ट प्राप्त करना

डी)। प्रत्यक्ष मानव मल प्राप्त करना

प्रश्न 25. अवरुद्ध नाली को साफ करने के लिए नीचे दिए गए चित्र में क्या प्रयोग किया जा रहा है?

ए)। सिंक पिस्टन

बी)। सिंक प्लंजर

सी)। गला घोंटना

डी)। सिंक पुशर

प्रश्न 26. सीवर डालने के बाद कई परीक्षण किए जाते हैं। एक टेस्ट में एक गेंद ऊपर की तरफ से लुढ़कती है। इस परीक्षण को ____________ कहा जाता है।

ए)। जल परीक्षण

बी)। वायु परीक्षण

सी)। बाधा के लिए परीक्षण

डी)। धुआं परीक्षण

Q 27. किसी धारा के अनुप्रस्थ काट से इकाई समय में गुजरने वाले द्रव के आयतन को कहते हैं:-

ए)। निरंतर प्रवाह

बी)। समान प्रवाह

सी)। सतत प्रवाह

डी)। स्राव होना

Q 28. बाहरी थ्रेडेड सिरों के साथ पाइप को जोड़ने के लिए उपयोग किए जाने वाले अंदरूनी धागे के साथ आमतौर पर छोटी पाइप फिटिंग को कहा जाता है: -

ए)। चूची

बी)। युग्मन

सी)। संघ

डी)। क्रॉस पाइप

Q 29. नीचे दिए गए चित्र में दिखाया गया हाइड्रेंट किस प्रकार का है?

ए)। फ्लश हाइड्रेंट

बी)। बैरल हाइड्रेंट

सी)। पोस्ट हाइड्रेंट

डी)। प्लग हाइड्रेंट

Q 30. नीचे दिखाया गया प्रतीक __________ का है।

ए)। रिलीफ वाल्व

बी)। सूई छिद्र

सी)। चोटा सा वाल्व

डी)। गेट वाल्व

प्रश्न 31. यदि आपके कपड़ों में आग लग जाती है, तो यह __________ के लिए महत्वपूर्ण है।

ए)। आग की लपटों से भागो

बी)। अग्निशामक यंत्र की तलाश करें

सी)। ड्रॉप गिराएं और रॉल करें

डी)। मदद की प्रतीक्षा करें

Q 32. जल आपूर्ति की दोहरी प्रणाली का अर्थ है:-

ए)। सतत आपूर्ति प्रणाली

बी)। पम्पिंग और आंतरायिक प्रणाली

सी)। गुरुत्वाकर्षण और पम्पिंग प्रणाली

डी)। गुरुत्वाकर्षण और निरंतर आपूर्ति प्रणाली

Q 33. एक विद्युत रासायनिक प्रक्रिया जिसमें एक धातु इलेक्ट्रोलाइट की उपस्थिति में दूसरे के साथ विद्युत संपर्क होने पर अधिमानतः संक्षारित होती है, कहलाती है: -

ए)। इलेक्ट्रोलाइटिक जंग

बी)। विद्युत जंग

सी)। बिजली उत्पन्न करनेवाली जंग

डी)। रासायनिक जंग

Q 34. __________ दस्तानों का उपयोग हाथों को इस्तेमाल की गई मिट्टी, अपशिष्ट प्रणालियों और स्वच्छता उपकरणों के संपर्क से बचाने के लिए किया जाता है।

ए)। रबड़

बी)। सामान्य उद्देश्य

सी)। SPECIALIST

डी)। ऊनी

Q 35. निम्नलिखित सुरक्षा चिन्ह का प्रयोग __________ के लिए किया जाता है।

ए)। आपातकालीन फ़ोन

बी)। हाई वोल्टेज का खतरा

सी)। प्राथमिक चिकित्सा स्टेशन

डी)। आपातकालीन निकास

Q 36. स्क्राइबर ___________ टूल है।

ए)। अंकन

बी)। मापने

सी)। योजना

डी) ड्रिलिंग

Q 37. निम्नलिखित प्रकार के स्पैनर की पहचान करें:

ए)। समायोज्य औजार

बी)। डबल ओपन एंडेड स्पैनर

सी)। गोल पाना

डी)। डबल एंडेड रिंग स्पैनर

Q 38. एक बहिर्जात वृक्ष में, पीठ के चारों ओर के केंद्रीय वलय __________ कहलाते हैं।

ए)। दिल की लकड़ी

बी)। कैम्बियम परत

सी)। प्रांतस्था

डी) वार्षिक छल्ले

Q 39. इनमें से कौन सा लकड़ी का दोष युवा होने पर पेड़ में अत्यधिक संपीड़न के कारण होता है?

ए)। विचलित कर देता है

बी)। हवा की दरारें

सी)। शेक

डी)। समुद्री मील

प्रश्न 40. फ्रेट्सॉ का प्रयोग _________ को काटने के लिए किया जाता है।

ए)। तेज और महीन वक्र

बी)। लकड़ी में छोटे छेद

सी)। सीधी सतह

डी) असमान सतह

Q 41. वेल्डिंग की उदासीन ज्वाला में आंतरिक शंकु रंग में ____________ होता है।

ए)। हल्का नीला रंग

बी)। हल्का हरा

सी)। लाल

डी) भूरा

Q 42. वेल्डिंग ब्लोपाइप में, इनमें से कौन आने वाली गैसों के प्रवाह को नियंत्रित करता है?

ए)। वाल्व

बी)। मिश्रण कक्ष

सी)। तन

डी)। बख्शीश

Q 43. सॉफ्ट सोल्डर आमतौर पर __________ के मिश्र धातु होते हैं।

ए)। सीसा और टिन

बी)। तांबा और लोहा

सी)। तांबा और एल्यूमीनियम

डी)। लोहा और जस्ता

Q 44. ब्रेजिंग में, इकट्ठे भागों को फिलर धातु को पिघलाने के लिए आवश्यक तापमान पर रखे फ्लक्स बाथ में डुबोया जाता है।

ए)। डुबोना

बी)। भट्ठी

सी)। मशाल

डी) इलेक्ट्रिक

Q 45. ___________ एक उपकरण है जिसका उपयोग चिनाई में एक फेसिंग में ध्यान देने योग्य जोड़ों को चिकना करने के लिए किया जाता है।

ए)। संयुक्त भराव

बी)। बाज़

सी)। स्क्वायर ट्रॉवेल

डी)। बेलचा

Q 46. ____________ स्थिति में, एक ईंट समतल रखी जाती है जिसमें ईंट का छोटा सिरा खुला रहता है।

ए)। हैडर

बी)। सैनिक

सी)। नाविक

डी) शाइनर

Q 47. एक शाफ़्ट ब्रेस में, ______________ फ्रेम के चारों ओर घूमता है क्योंकि ब्रेस घुमाया जाता है।

ए)। स्वीप हैंडल

बी)। हैडर

सी)। चक

डी) बॉल बेयरिंग कप

प्रश्न 48. निम्न प्रकार के वाल्व की पहचान करें:

ए)। रिलीफ वाल्व

बी)। पावर वाल्व

सी)। गेंद वाल्व

डी) मिक्सिंग वाल्व

Q 49. जीआई पाइपों में से कौन सा वर्ग सबसे पतला है?

ए)। कक्षा

बी)। कक्षा बी

सी)। कक्षा सी

डी) कक्षा डी

Q 50. निम्नलिखित में से कौन जीआई पाइप का लाभ नहीं है?

ए)। खनिज निर्माण

बी)। फास्ट असेंबली

सी)। लंबा जीवन

डी) कठोरता

क्यू 51. एचडीपीई पाइप ले जा सकते हैं: 2)। रसायन 3)। पावर केबल 4)। पानी 5)। संपीडित गैसें नीचे दिए गए कूट से सही उत्तर चुनिए।

ए)। 1,2,3,4,5

बी)। 1,2,3

सी)। 4,5

डी) 1,3,5

Q 52. ___________ का उपयोग द्रव प्रवाह को संयोजित या विभाजित करने के लिए किया जाता है।

ए)। टी

बी)। कम करने

सी)। संघ

डी)। युग्मन

प्रश्न 53. दी गई आकृति को पहचानिए:

ए)। रेड्यूसर यूनियन

बी)। महिला टी

सी)। महिला संघ

डी)। निकला हुआ

Q 54. इनमें से कौन एक पाइप के सिरे को ढकता है?

ए)। प्लग करना

बी)। चूची

सी)। कोहनी

डी)। टी

Q 55. इनमें से कौन पानी में पाई जाने वाली निलंबित अशुद्धता है?

ए)। मिट्टी

बी)। कार्बनिक लवण

सी)। अमीनो अम्ल

डी)। जीवाणु

Q 56. वाटर हैमर को __________ के रूप में भी जाना जाता है।

ए)। हाइड्रोलिक शॉक

बी)। प्लंबर का बल

सी)। जल भराव

डी)। पानी जमना

Q 57. _____________ दबाव वायुमंडलीय दबाव और निरपेक्ष दबाव का अंतर है।

ए)। थाह लेना

बी)। स्थिर

सी)। अंतर

डी)। निर्वात

Q 58. इनमें से किस रेत का उपयोग पलस्तर के काम में किया जाता है?

ए)। महीन रेत

बी)। खुरदुरी रेत

सी)। बजरी रेत

डी)। मिट्टी की रेत

Q 59. __________ झिल्ली का एक गठन है जिसे पानी को कंक्रीट में प्रवेश करने या बाहर निकलने से रोकने के लिए डिज़ाइन किया गया है।

ए)। waterproofing

बी)। लेप

सी)। मैनहोल

डी) स्लेकिंग

Q 60. सीवर में खाली करने से पहले रसोई और बाथरूम से अपशिष्ट जल को ___________ में पाइप किया जाता है।

ए)। गली जाल

बी)। सेप्टिक टैंक

सी)। मैनहोल

डी)। फैलाव खाई

Q 61. सोक पिट, फैलाव ट्रेंच, लीचिंग सेसपूल आदि का उपयोग __________ के साथ किया जाता है।

ए)। सेप्टिक टैंक

बी)। मैनहोल

सी)। कंक्रीटिंग सिस्टम

डी)। मचान

Q 62. ताँबे के पाइपों को जोड़ने का सबसे सामान्य तरीका है।

ए)। टांकना

बी)। टांकने की क्रिया

सी)। वेल्डिंग

डी)। दिलचस्प

Q 63. पाइप बिछाने के लिए, खाई की चौड़ाई ऐसी होनी चाहिए जिससे पाइप के दोनों ओर ______ की जगह मिल सके।

ए)। 300 मिमी

बी)। 150 मिमी

सी)। 600 मिमी

डी) 750 मिमी

Q 64. ________________ को ओवरहेड टैंक भी कहा जाता है।

ए)। उन्नत भंडारण जलाशय

बी)। एचडीपीई टैंक

सी)। जीआई टैंक

डी)। आरसीसी टैंक

Q 65. 500 N/m² का चूषण दबाव एक बेसिन में जल स्तर को ________ तक कम कर देगा।

ए) 25 मिमी

बी) 100 मिमी

सी) 10 मिमी

डी) 5 मिमी

Q 66. एक अपवाह तंत्र में, दुर्गंधयुक्त गैसें __________ तक वातावरण में चली जाती हैं।

ए) वेंट पाइप

बी) अपशिष्ट पाइप

सी) सेसपूल

डी) एंटी-साइफ़ोनेज पाइप

Q 67. दी गई आकृति में एक ____________ जाल को दर्शाया गया है।\ मैं ए अकृलत ____________________ प को इशाजती है |

ए) क्यू

बी) पी

करोड़

डी) एस

Q 68. बगीचे के नीचे का क्षेत्र जिसमें पाइप हैं, ________ कहलाता है।

ए) लीचिंग फील्ड

बी) खेल का मैदान

सी) सेसपूल

डी) अपशिष्ट पाइप

Q 69. बॉटल ट्रैप को साफ करने के लिए, ___________________ पाइप तक पहुंच प्राप्त करने के लिए।

ए) बेस कैप हटा दिया जाना चाहिए

बी) बेस कैप को अंकित किया जाना चाहिए

सी) बेस कैप को तोड़ा जाना चाहिए

डी) सभी फिटिंग्स को अंकित किया जाना चाहिए

प्रश्न 70. पानी की लाइन और सीवर लाइन के बीच आदर्श दूरी कितनी होनी चाहिए?

ए) 3 मीटर से अधिक

बी) 1.5 मीटर

सी) '0.5 मीटर

डी) '5 मीटर से अधिक'

Q 71. इनमें से कौन वर्षा जल संचयन का एक घटक नहीं है?

ए) पिटा भिगोएँ

बी) जलग्रहण क्षेत्र

सी) वाहन प्रणाली

डी) संग्रह उपकरण

Q 72. _________ का उपयोग छतों पर एकत्रित वर्षा जल को भंडारण टैंकों में स्थानांतरित करने के लिए किया जाता है।

ए) वाहन प्रणाली

बी) खुले कंटेनर

सी) बंद कंटेनर

डी) जलग्रहण क्षेत्र

Q 73. वर्षा जल संचयन की सीमा __________ है।

ए) वर्षा की अनिश्चितता

बी) खुले कंटेनरों का उपयोग

सी) डाउन-पाइप फ्लैप का स्वचालन

डी) संग्रह उपकरणों की उपलब्धता

Q 74. वर्षा जल संचयन में, डाउन-पाइप फ्लैप का उपयोग __________ में किया जाता है।

ए) भंडारण टैंकों के लिए चुनिंदा स्वच्छ पानी एकत्र करें

बी) भंडारण टैंक में शैवाल की वृद्धि को रोकें

सी) एक बेहतर जलग्रहण क्षेत्र प्रदान करें

डी) भंडारण टैंक में मच्छरों के प्रजनन को रोकें

Q 75. एक पंप द्रव को ___________ क्रिया द्वारा स्थानांतरित करता है।

ए) यांत्रिक

बी) विद्युत

सी) रासायनिक

डी) चुंबकीय

Q 76. एक पारस्परिक विस्थापन पंप में पानी के बैकफ्लो को _________ के माध्यम से रोका जाता है।

ए) वाल्व

बी) पिस्टन रॉड

सी) बल रॉड

डी) सीलिंग

Q 77. निम्नलिखित में से कौन एक केन्द्रापसारक पंप में केन्द्रापसारक बल के माध्यम से द्रव को ऊर्जा प्रदान करता है?

ए) रोटरी वेन्स

बी) आवरण

सी) बियरिंग्स

डी) वोल्ट

Q 78. _________ का उपयोग किसी अन्य प्रकार के पंप की तुलना में गहरे कुएं से अधिक पानी खींचने के लिए किया जाता है।

ए) एयर लिफ्ट पंप

बी) बूस्टर पंप

सी) मोनो-ब्लॉक पंप

डी) रोटरी पंप

Q 79. _________ एक वाल्व है जहां एक पतला प्लग में एक छेद के माध्यम से पूर्ण प्रवाह होता है।

ए) प्लग मुर्गा

बी) सुई वाल्व

सी) स्कोअर वाल्व

डी) नाली वाल्व

Q 80. बिल्डिंग ड्रेन वेंटिलेटिंग पाइप _________ व्यास से कम नहीं होना चाहिए।

ए) 75 मिमी

बी) 100 मिमी

सी) 20 मिमी

डी) 5 मिमी

Q 81. एक इमारत में, Q-ट्रैप का उपयोग _________ में नहीं किया जाता है।

ए) भूतल

बी) पहली मंजिल

सी) दूसरी मंजिल

डी) तीसरी मंजिल

क्यू 82. __________ एक इमारत से अपशिष्ट जल के लिए एक साधारण संग्रह बिंदु है।

ए) सेसपूल

बी) जाल

सी) वेंट पाइप

डी) हूपर

Q 83. _________ के मामले में विशिष्ट ऊष्मा क्षमता उच्चतम होती है।

पानी

बी) जिंक

सी) तेल

डी) स्टील

Q 84. एक गैर-दबाव प्रकार के वॉटर हीटर में गर्मी की तीव्रता को _________ को विनियमित करके नियंत्रित किया जाता है।

ए) 'इनलेट पर वाल्व बंद करो'

बी) आउटलेट तापमान

सी) इनलेट तापमान

डी) 'आपूर्ति'

Q 85. निम्नलिखित में से कौन तापमान को एक निश्चित मान पर सेट करता है ताकि पानी उस मान से अधिक गर्म न हो?

ए) थर्मोस्टेट

बी) थर्मोकपल

सी) थर्मामीटर

डी) रेडिएटर

Q 86. इनमें से कौन गीजर को बंद करके ऊर्जा बचाता है और इसे जलने से बचाता है?

ए) ऑटो कट

बी) सुरक्षा वाल्व

सी) थर्मोस्टेट

डी) फ्यूज़िबल प्लग

Q 87. सौर जल तापन के संदर्भ में, ETC का अर्थ _________ है।

ए) खाली ट्यूब संग्राहक

बी) अनुमानित समय संग्राहक

सी) सटीक समय संग्राहक

डी) अतिरिक्त ट्यूब संग्राहक

Q 88. सौर ताप प्रणाली में, निम्नलिखित में से किसका उपयोग छोटे टैंकों के लिए किया जाता है?

ए) माइल्ड स्टील

बी) कॉपर

सी) कच्चा लोहा

डी) जिंक

Q 89. इनमें से किसका उपयोग एसी पाइप के निर्माण में नहीं किया जाता है?

ए) मिट्टी

बी) सिलिका

सी) पोर्टलैंड सीमेंट

डी) एस्बेस्टस फाइबर

Q 91. ______________ जोड़ को सार्वत्रिक जोड़ के रूप में भी जाना जाता है।

ए) लचीला

बी) कॉलर

सी) अंडाकार

डी) संघ

Q 92. __________ की जांच के लिए मिरर टेस्ट और बॉल टेस्ट किया जाता है।

ए) पाइपों का संरेखण

बी) पाइप जोड़ों की सटीकता

सी) पाइप झुकने

डी) पाइप की आंतरिक सतह की चिकनाई

Q 93. स्टफिंग बॉक्स स्क्रू के चारों ओर पानी बहने का कारण निम्नलिखित में से कौन सा है?

ए) ग्लैंड नट ढीला है

बी) स्टफिंग बॉक्स पैकिंग सूखी है

सी) स्पिंडल मुड़ा हुआ है

डी) स्पिंडल धागा बुरी तरह से खराब हो गया है

Q 94. दिया गया प्लंबिंग चिन्ह __________ को दर्शाता है।

ए) ठंडा पानी

बी) वेंट लाइन

सी) गैस पाइप

डी) गर्म पानी

Q 95. निष्पादन के दौरान, पाइपों के मुंह को खाली बोरियों से ढक देना चाहिए ताकि ____________ से बचा जा सके।

ए) रुकावट
बी) रिसाव
ग) दुर्गंध
डी) मच्छर
स्तर 1 उत्तर कुंजी

Level 1 Answer Key

Question No.	Option
1	B
2	A
3	C
4	B
5	C
6	D
7	B
8	B
9	D
10	A
11	A
12	B
13	A
14	C
15	D
16	C
17	C
18	D
19	B

Question No.	Option
46	A
47	A
48	A
49	A
50	A
51	A
52	A
53	A
54	A
55	A
56	A
57	A
58	A
59	A
60	A
61	A
62	A
63	A
64	A

Question No.	Option
91	A
92	A
93	A
94	A
95	A

20	B
21	B
22	B
23	B
24	B
25	B
26	C
27	D
28	B
29	C
30	A
31	C
32	C
33	C
34	A
35	A
36	A
37	A
38	A
39	A
40	A
41	A
42	A
43	A
44	A
45	A

65	A
66	A
67	A
68	A
69	A
70	A
71	A
72	A
73	A
74	A
75	A
76	A
77	A
78	A
79	A
80	A
81	A
82	A
83	A
84	A
85	A
86	A
87	A
88	A
89	A
90	A

प्लम्बर सिद्धांत स्तर-2

Q 1. यह पाइप का एक छोटा ठूंठ है जिसके प्रत्येक सिरे पर बाहरी पुरुष पाइप धागे होते हैं और दो अन्य फिटिंग को जोड़ने के लिए उपयोग किया जाता है। यह कहा जाता है ____________।

एक प्लग

बी) निप्पल,

सी) कैप

डी) संघ

प्रश्न 2. नीचे दी गई आकृति में, मद '3' को __________ कहा जाता है।

ए) एली

बी) टीईई

सी) रेड्यूसर

डी) कोहनी

प्रश्न 3. पीवीसी पाइप के बारे में कौन सा कथन सही नहीं है?

ए)। यह वजन में हल्का है

बी)। यह जंग मुक्त है

सी)। यह सीआई पाइप से सस्ता है

डी)। इसका उपयोग गर्म पानी ले जाने के लिए किया जा सकता है

Q 4. जीआई पाइप _________ के सुरक्षात्मक कोटिंग वाले स्टील पाइप हैं।

ए)। प्रमुख

बी)। जस्ता

सी)। टिन

डी)। सुरमा

Q 5. एसिटिलीन गैस ___________ के साथ पानी की प्रतिक्रिया से उत्पन्न होती है।

ए)। कैल्शियम क्लोराइड

बी)। कैल्शियम कार्बाइड

सी)। कैल्शियम कार्बोनेट

डी)। कैल्शियम बाइकार्बोनेट

Q 6. घुली हुई एसिटिलीन को ___________ युक्त सिलेंडरों में संग्रहित किया जाता है।

ए)। मिटटी तेल

बी)। घुलनशील तेल

सी)। एसीटोन

डी)। खनिज तेल

प्रश्न 7. नीचे दिखाए गए अनुसार चार स्थितियों में वेल्डिंग की जा सकती है। इन पदों को बाएं से दाएं सही क्रम में नाम दें।

ए) क्षैतिज; समतल; खड़ा; भूमि के ऊपर

बी फ्लाट; क्षैतिज; खड़ा; भूमि के ऊपर

सी) फ्लैट; क्षैतिज; ओवरहेड; खड़ा

डी) क्षैतिज; खड़ा; ओवरहेड; समतल

क्यू 8. सबसे आम मिलाप टिन और सीसा का एक संयोजन है। किस टिन/सीसा संयोजन में सबसे कम गलनांक होता है?

ए) 40% टिन/60% सीसा

बी) 50% टिन / 50% सीसा

सी) 60% टिन / 40% सीसा

डी) 63% टिन / 37% सीसा

प्रश्न 9. नीचे दिए गए चित्र में किस प्रकार का बांड दिखाया गया है?

ए)। स्ट्रेचर बंधन

बी)। अंग्रेजी बंधन

सी)। फ्लेमिश बंधन

डी)। सैनिक बंधन

Q 10. एक ईंट का आकार __________ होता है।

ए)। 228 × 107 × 69 मिमी

बी)। 228 × 117 × 69 मिमी

सी)। 238 × 107 × 69 मिमी

डी)। 228 × 107 × 79 मिमी

प्रश्न 11. नीचे दिए गए चित्र में दिखाया गया है कि एक राजमिस्त्री द्वारा उपयोग किया जाने वाला उपकरण है। यह कहा जाता है ___________।

ए) ट्रॉवेल

बी) मोर्टार पैन

सी) हॉक

डी) फिलर

Q 12. बेल-टाइप सिस्टर्न के बारे में क्या सत्य नहीं है?

ए)। यह एक श्रृंखला द्वारा संचालित होता है

बी)। इस प्रणाली में सिफोनिक क्रिया निर्मित होती है

सी)। यह बहुत ही शांत प्रणाली है

डी)। जब जंजीर खींची जाती है तो घंटी उठ जाती है

प्रश्न 13. मोर्टार तैयार करने के दिशा-निर्देश _________ में दिए गए हैं।

ए)। आईएस 4455

बी)। आईएस 2250 - 1981

सी)। आईएस 3350 - 1981

डी)। आईएस 5567

प्रश्न 14. मोर्टार को अग्निरोधक बनाने के लिए क्या मिलाया जाता है?

ए)। जिप्सम

बी)। एस्बेस्टस सीमेंट

सी)। पाउडर गिलास

डी)। एल्युमिनस सीमेंट

प्रश्न 15. ईंट की चिनाई में इनमें से क्या नहीं करना चाहिए?

ए)। क्षैतिज जोड़

बी)। रानी करीब

सी)। ईंट बल्ला

डी)। लंबवत जोड़

प्रश्न 16. नीचे दी गई आकृति में दिखाए गए बांड को पहचानें।

ए) सैनिक बंधन

बी) हेरिंगबोन बंधन

सी) सिंगल फ्लेमिश बॉन्ड

डी) डबल फ्लेमिश बॉन्ड

प्रश्न 17. नीचे दी गई आकृति में जो दिखाया गया है उसे पहचानें।

ए) रानी करीब

बी) बेवेल्ड करीब

सी) मित्र करीब

डी) राजा करीब

प्रश्न 18. पीवीसी प्लग का उपयोग __________ के लिए किया जाता है।

ए)। अलग-अलग व्यास के पाइप कनेक्ट करें

बी)। दो पाइप लाइन कनेक्ट करें

सी)। छोटे व्यास के सील पाइप

डी)। पाइप लाइन के सील सिरों

Q 19. कौन सी पाइप फिटिंग दो पाइपों की सामग्री को एक साथ एक पाइप में प्रवाहित करने की अनुमति देती है?

ए)। पार्श्व

बी)। पार

सी)। कोहनी

डी)। वापसी मोड़

Q 20. ट्यूब झुकने के लिए विधि का चुनाव __________ पर निर्भर करता है।

ए)। ट्यूब का व्यास

बी)। ट्यूब की दीवार मोटाई

सी)। न्यूनतम मोड़ त्रिज्या आवश्यक

डी)। ये सभी

प्रश्न 21. नीचे दी गई आकृति में दिखाए गए ट्यूब झुकने की विधि क्या है?

ए) रोटरी ड्रा झुकने

बी) राम झुकना

सी) संपीड़न झुकने

डी) रोल झुकने

प्रश्न 22. इनमें से कौन सा कथन सत्य नहीं है?

ए)। सीवर पाइप में उपयुक्त अंतराल पर मैनहोल प्रदान किए जाते हैं

बी.. जल निकासी निर्वहन के लिए सीवरों में कैच बेसिन आमतौर पर प्रदान किए जाते हैं

सी)। आम तौर पर सभी सीवरों में इनलेट उपलब्ध कराए जाते हैं

डी)। इनमें से कोई नहीं

Q 23. एस्बेस्टस सीमेंट पाइप आमतौर पर ____________ बिछाए जाते हैं।

ए)। क्षैतिज

बी)। लंबवत

सी)। 30 डिग्री . के कोण पर

डी)। 60 डिग्री . के कोण पर

Q 24. ____________ को हटाने के लिए पानी का क्लोरीनीकरण किया जाता है।

ए)। जीवाणुओं

बी)। प्रसुप्त ठोस वस्तु

सी)। अवसादों

डी)। कठोरता

Q 25. सीवेज से ग्रीस और तेल को हटाने को _________ कहा जाता है।

ए)। स्क्रीनिंग

बी)। छनन

सी)। स्किमिंग

डी)। दरकिनार

Q 26. कौन सी गैस सीवरों में विस्फोट का कारण बन सकती है?

ए)। कार्बन मोनोआक्साइड

बी)। कार्बन डाइआक्साइड

सी)। मीथेन

डी)। अमोनिया

Q 27. शाफ़्ट ब्रेस का फ्रेम __________ अक्षर के आकार का होता है।

ए)। एल,

बी)। सी,

सी)। यू,

डी)। हे,

क्यू 28. चित्र नीचे तीन प्रकार के जाल दिखाता है। उन्हें बाएं से दाएं क्रम में नाम दें।

ए)। पी - जाल; वाई - जाल; एस - जाल,

बी)। पी - जाल; क्यू - जाल; आर - जाल

सी)। एल - जाल; क्यू - जाल; एस - जाल

डी)। पी - जाल; क्यू - जाल; एस - जाल

क्यू 29. चित्र नीचे एक नाली पाइप दिखाता है। ड्रेन पाइप का निम्नतम बिंदु (चिह्नित 'बी') जहां तरल सबसे गहरा होता है, ____________ कहलाता है।

ए) उलटा

बी) क्लीनकट

सी) बैटरी

डी) पतन

प्रश्न 30. जब प्लंबिंग के संदर्भ में उपयोग किया जाता है, तो 'DWV' का क्या अर्थ होता है?

ए) नाली-अपशिष्ट-वेंट

बी) बांध-जल-वाल्व

सी) नम-अपशिष्ट-वेंटिलेशन

डी) सूखा-अपशिष्ट-वाल्व

Q 31. जल वितरण की वृक्ष प्रणाली ___________।

ए)। अपेक्षाकृत महंगा है

बी)। कई वाल्व हैं

सी)। निर्वहन और दबाव का निर्धारण कठिन बनाता है

डी)। पानी के ठहराव का कारण बनता है

Q 32. हवा के संचलन के लिए एलिवेटेड स्टोरेज जलाशय में क्या प्रदान किया जाता है?

ए)। बहता हुआ पाइप

बी)। फ्लोट गेज

सी)। पंखा

डी)। मैनहोल

प्रश्न 33. नीचे दिए गए चित्र में दिखाए गए अनुसार जल आपूर्ति वितरण प्रणाली का नाम दें।

ए)। डेड एंड सिस्टम

बी)। रेडियल सिस्टम

सी)। ग्रिड आयरन सिस्टम

डी)। रिंग सिस्टम

Q 34. अक्षीय प्रवाह केन्द्रापसारक पम्पों की विशेषता ___________ है।

ए)। उच्च प्रवाह और निम्न दबाव

बी)। कम प्रवाह और उच्च दबाव

सी)। उच्च प्रवाह और उच्च दबाव

डी)। कम प्रवाह और कम दबाव

Q 35. पाइप बनाने के लिए कई प्लास्टिक सामग्री का उपयोग किया जाता है। कौन सी सामग्री लचीली प्रकार की होती है?

ए)। पॉलीब्यूटिलीन (पीबी)

बी)। पॉलीविनाइल क्लोराइड (पीवीसी)।

सी)। क्लोरीनयुक्त पॉलीविनाइल क्लोराइड (CPVC)।

डी)। ये सभी

Q 36. अपशिष्ट का संचालन करने वाले पाइपों के लिए किस सामग्री का उपयोग किया जाता है?

ए)। स्टेनलेस स्टील

बी)। ताँबा

सी)। चीनी मिट्टी

डी)। प्लास्टिक

Q 37. इनमें से किस केन्द्रापसारक पंप की विशिष्ट गति दूसरों की तुलना में अधिक है?

ए)। अक्षीय प्रवाह

बी)। रेडियल प्रवाह

सी)। मिश्रित प्रवाह

डी)। सभी केन्द्रापसारक पम्पों में समान विशिष्ट गति होती है

Q 38. पाइपलाइनों में रिसाव का पता लगाने के विभिन्न तरीके हैं। नीचे दिए गए चित्र में दिखाए अनुसार किस विधि का उपयोग किया जा रहा है?

ए) इलेक्ट्रॉनिक रिसाव डिटेक्टर का उपयोग करके

बी) साउंडिंग रॉड का उपयोग करके

सी) रेडियोधर्मी समस्थानिकों का उपयोग करके

डी) दृश्य निरीक्षण द्वारा

Q 39. इनमें से कौन रिसाव का पता लगाने के लिए रेडियो आइसोटोप के उपयोग का एक उदाहरण है?

ए)। सोडियम 6

बी)। सोडियम 12

सी)। सोडियम 18

डी)। सोडियम 24

Q 40. नीचे दिए गए चित्र से पता चलता है कि ____________।

ए)। रिसाव ध्वनि की तीव्रता सीधे पानी के दबाव के समानुपाती होती है

बी)। रिसाव ध्वनि की तीव्रता पानी के दबाव के व्युत्क्रमानुपाती होती है

सी)। रिसाव ध्वनि की तीव्रता एक सीमा तक पानी के दबाव के सीधे आनुपातिक होती है

डी)। रिसाव ध्वनि की तीव्रता एक सीमा तक पानी के दबाव के व्युत्क्रमानुपाती होती है

Q 41. जब पानी के पंप में इनलेट दबाव डिज़ाइन किए गए विनिर्देश से नीचे आता है, तो क्या होता है नीचे दिए गए चित्र में दिखाया गया है। वाष्प के बुलबुलों के बनने और बाद में ढहने की प्रक्रिया कहलाती है:-

ए)। आवेश

बी)। गुहिकायन

सी)। चूषण

डी)। हथौड़ा

Q 42. सेप्टिक टैंक से सीवेज का निपटान __________ द्वारा किया जाता है।

ए)। विशुद्धक

बी)। भिगोना पिट

सी)। वातित लैगून

डी)। दीपक छेद

Q 43. इनमें से कौन सा वाल्व मुख्य में डेड एंड या निम्नतम बिंदु पर रखा गया है और पाइपलाइन में जमा रेत या गाद को हटाने के लिए प्रदान किया गया है?

ए)। परिमार्जन वाल्व

बी)। भाटा वाल्व

सी)। ऊंचाई वाल्व

डी)। स्लुइस वाल्व

Q 44. यदि बारिश के पानी को सीवर में छोड़ा जाता है, तो इसे ____________ से पहले जोड़ा जाता है।

ए)। मैनहोल

बी)। कक्ष

सी)। गली जाल

डी)। झुकना

Q 45. एक पूर्व निर्धारित मात्रा जमा होने पर बड़ी मात्रा में अपशिष्ट को स्वचालित रूप से निर्वहन करने के लिए सिफ़ोनिक क्रिया को नियोजित करने वाले बड़े सेप्टिक टैंक का एक कक्ष है: -

ए)। नाली क्षेत्र

बी)। सीवेज उपचार कक्ष

सी)। टपका हुआ गड्ढा

डी)। खुराक कक्ष

प्रश्न 46. नीचे दिए गए चित्र में एक कच्चा लोहा घंटी-प्रकार का हौज दिखाया गया है। इसे ___________ के साथ अंदर चित्रित किया गया है।

ए)। सफेद पेंट

बी)। पीला रंग

सी)। काला बिटुमिनस पेंट

डी)। क्रीम पेंट

Q 47. यांत्रिक मुहर वाले एक पंप ने ग्रंथि में एक रिसाव विकसित किया है। इसका क्या कारण हो सकता है?

ए)। पंप की पैकिंग पानी को धीरे-धीरे टपकने देने में विफल रही है

बी)। सील के चेहरों को बर्बाद करते हुए पंप सूख गया

सी)। यांत्रिक मुहरों के लिए यह सामान्य ऑपरेशन है

डी)। जब सील स्प्रिंग स्थापित किया गया था, तो इसने दो सील भागों के बीच दबाव की अनुमति दी जिससे पानी बाहर निकल सके

Q 48. जैसे ही हॉट वॉटर हीटर टैंक भरा जा रहा है, आपको ___________ चाहिए।

ए)। इसे साफ करो

बी)। हवा के टैंक को शुद्ध करें

सी)। टॉयलेट में फ्लश चला दो

डी)। इनमें से कोई नहीं

Q 49. पंप डिस्चार्ज से पानी के एक स्तंभ की ऊर्ध्वाधर दूरी क्या कहलाती है?

ए)। शीर्ष क्षति

बी)। घर्षण सिर

सी)। गुरुत्वाकर्षण सिर

डी)। दबाव सिर

Q 50. अघुलनशील पदार्थ अर्थात अपशिष्ट में जीवाणुओं की जैविक क्रिया के बाद का अंतिम उत्पाद और जो सेप्टिक टैंक के तल पर बस जाता है, कहलाता है:-

ए)। मैल

बी)। लोहार का हथौड़ा

सी)। कीचड़

डी)। धब्बा

Q 51. स्कंदन की प्रक्रिया में बनने वाला जेली जैसा पदार्थ है:-

ए)। मैल

बी)। लोहार का हथौड़ा

सी)। जल पर तैरता हुआ बरफ़ का टुकड़ा

डी)। फिटकिरी

प्रश्न 52. 100 मिमी व्यास का पाइप बिछाने के लिए, खाई की चौड़ाई ('W' नीचे दिए गए चित्र में दिखाया गया है) क्या होनी चाहिए ताकि स्थिर स्थिति सुनिश्चित हो सके?

ए)। 200 मिमी

बी)। 300 मिमी

सी)। 400 मिमी

डी)। 600 मिमी

Q 53. पंप के चलने के दौरान कौन सा रखरखाव किया जा सकता है?

ए)। स्नेहक प्ररित करनेवाला पंख

बी)। पैकिंग नट कस

सी)। सील भागों को बदलना

डी)। पैकिंग की जगह

प्रश्न 54. सीवर लाइन में आसानी से स्वयं सफाई के लिए, 150 मिमी व्यास के पाइप के लिए, न्यूनतम ढाल/ढलान होना चाहिए:-

ए)। 25 में 1

बी)। 50 . में 1

सी)। 75 . में 1

डी)। 100 में 1

Q 55. इनमें से कौन थर्मोस्टेट का एक प्रकार नहीं है?

ए)। द्विव-धातु प्रकार

बी)। बुध विस्तार प्रकार

सी)। इलेक्ट्रॉनिक प्रकार

डी)। इनमें से कोई नहीं

Q 56. जलाशय के प्रकाश के संपर्क में आने पर बनने वाली एक प्रकार की वनस्पति कहलाती है:-

ए)। सेप्टिक मैल

बी)। लोहार का हथौड़ा

सी)। निकम्मा व्यक्ति

डी)। जल पर तैरता हुआ बरफ़ का टुकड़ा

Q 57. गर्म पानी की व्यवस्था में सिलेंडर और बॉयलर पर एक्सपेंशन/वेंट पाइप लगाए जाते हैं क्योंकि वे ___________ होते हैं।

ए)। हवा के ताले को रोकें

बी)। चूने का निर्माण बंद करो

सी)। ठंडे पानी की आपूर्ति करें

डी)। अतिरिक्त भाप और पानी छोड़ें

Q 58. ऑटोकैड में मैकेनिकल ड्राइंग सेट करते समय, कौन सी इकाइयाँ सेट की जानी चाहिए?

ए)। आंशिक

बी)। दशमलव

सी)। वास्तु

डी)। मीट्रिक

Q 59. सापेक्ष निर्देशांक प्रणाली का उपयोग करते हुए एक रेखा खींचते समय एक रेखा बनाई जाती है:-

ए)। 0, 0,

बी)। अंतिम पंक्ति का अंतिम बिंदु

सी)। अंतिम पंक्ति का प्रारंभिक बिंदु

डी)। इनमें से कोई नहीं

Q 60. फिटिंग के साथ पीवीसी पाइप को असेंबल करने के लिए किस जॉइनिंग कंपाउंड का उपयोग किया जाता है?

ए)। epoxy

बी)। विलायक सीमेंट

सी)। गोंद

डी)। आसंजक स्प्रे

Q 61. प्लंबिंग सिस्टम में सभी पाइपों की स्थापना को निर्दिष्ट करने के लिए कंस्ट्रक्शन उद्योग में प्रयुक्त शब्द है: -

ए)। Roughing-इन

बी)। नलसाजी लेआउट

सी)। पाइपिंग नेटवर्क

डी)। पाइपिंग कार्य

Q 62. एक पंप जो भूमिगत उपयोग किया जाता है वह ___________ है।

ए)। पारस्परिक पम्प

बी)। रोटरी पंप

सी)। पनडुब्बी पंप

डी)। गियर पंप

Q 63. ट्रिम का एक टुकड़ा (नीचे की आकृति में 'ए' के रूप में चिह्नित) जो उस छेद को कवर करता है जहां पाइप दीवार में प्रवेश करती है, उसे कहा जाता है: -

ए)। पट्टा

बी)। ढाल

सी)। पट्टी

डी)। समतल

Q 64. अनियमित रूप से बढ़ रहे शहर के लिए उपयुक्त जल वितरण प्रणाली है:-

ए)। वृक्ष प्रणाली

बी)। रेडियल सिस्टम

सी)। ग्रिड आयरन सिस्टम

डी)। रिंग सिस्टम

प्रश्न 65. यह निर्धारित करने के लिए किस परीक्षण का उपयोग किया जाता है कि एक नई स्थापित जल प्रणाली लीक प्रूफ है या नहीं?

ए)। दाब परीक्षण

बी)। हाइड्रोलिक परीक्षण

सी)। हीड्रास्टाटिक परीक्षण

डी)। वायवीय परीक्षण

Q 66. पाइपलाइन में सड़क पार करने के लिए किस प्रकार के पाइप का उपयोग किया जाता है?

ए)। एसी पाइप

बी)। पीतल के पाइप

सी)। सीआई पाइप

डी)। सीसीआर पाइप

Q 67. निम्नलिखित में से कौन एक प्लंबर द्वारा किया जाने वाला कार्य नहीं है?

ए)। बेडरूम में पंखा लगाना

बी)। सफाई व्यवस्था की मरम्मत

सी)। फिटिंग बाथरूम

डी) पानी की पाइपलाइनों की मरम्मत

Q 68. शुष्क चूर्ण अग्निशामक का उपयोग ____________ के कारण उत्पन्न आग के लिए नहीं किया जा सकता है।

ए)। खाना पकाने के तेल और वसा

बी)। विद्युत उपकरण

सी)। ज्वलनशील तरल

डी)। लकड़ी या कागज

69. ______________ का उपयोग ड्रिलिंग कार्यों के लिए पाइप रखने के लिए किया जाता है।

ए)। वि ब्लॉक

बी)। केंद्र पंच

सी)। सतह नापने का यंत्र

डी) हथौड़ा

Q 70. निम्नलिखित में से कौन सा हाथ उपकरण किसी वस्तु को झटका देता है?

ए)। हथौड़ा

बी)। Plier

सी)। कोण प्लेट

डी) छेनी

प्रश्न 71. निम्नलिखित चिनाई उपकरण की पहचान करें

ए)। कुदाल से मिट्टी खुरपना

बी)। बेलचा

सी)। कुदाल

डी) ट्रॉवेल

Q 72. इनमें से कौन सा उपकरण चिनाई में लंबवतता निर्धारित करता है?

ए)। सीधा लटकना

बी)। भावना स्तर

सी)। एडगर

डी) फ्लोट

Q 73. ____________ स्थिति में, एक ईंट समतल रखी जाती है जिसमें ईंट का छोटा सिरा खुला रहता है।

ए)। हैडर

बी)। सैनिक

सी)। नाविक

डी) शाइनर

Q 74. साधारण सीमेंट को __________ सीमेंट के रूप में भी जाना जाता है।

ए)। पोर्टलैंड

बी)। स्विट्ज़रलैंड

सी)। आयरलैंड

डी)। इंगलैंड

Q 75. बेलनाकार वर्कपीस पर बाहरी धागों को काटने के लिए निम्नलिखित में से किसका उपयोग किया जाता है?

ए)। थ्रेडिंग डाई

बी)। शाफ़्ट ब्रेस

सी)। बिट ब्रेस

डी)। पाइप रिंच

Q 76. ___________ जब्त जोड़ों के लिए उपयोगी हैं।

ए)। ऑफसेट रिंच

बी)। अंत पाइप रिंच

सी)। रैपिड ग्रिप रिंच

डी)। चेन पाइप रिंच

Q 77. दिए गए चित्र में ____________ दर्शाया गया है।

ए)। बॉक्स स्पैनर

बी)। समायोज्य रिंच

सी)। पट्टा रिंच

डी)। टॉर्क स्पैनर

Q 78. जीआई पाइप के क्लास सी पाइप को पहचान के लिए __________ रंग में चिह्नित किया गया है।

ए)। लाल

बी)। नीला

सी)। पीला

डी) हरा

Q 79. पीवीसी पाइप की तुलना में CPVC पाइप ____________ नमनीय होते हैं।

ए)। अधिक

बी)। कम

सी)। समान रूप से

डी) कम या समान रूप से

Q 80. निम्नलिखित में से कौन सा पाइपिंग प्रतीक दिए गए प्रतीक में दर्शाया गया है?

ए)। वेंट लाइन

बी)। ठंडे पानी की लाइन

सी)। गर्म पानी की लाइन

डी)। अपशिष्ट रेखा

Q 80. क्रॉस फिटिंग को ___________ फिटिंग के रूप में भी जाना जाता है।

ए)। 4 तरफा

बी)। 2 रास्ते

सी)। 6-रास्ता

डी)। 9-तरफा

Q 82. जल ____________ से बना है।

ए)। ऑक्सीजन और हाइड्रोजन

बी)। हाइड्रोजन और क्लोरीन

सी)। क्लोरीन और ऑक्सीजन

डी)। हीलियम और ऑक्सीजन

Q 83. रिवर्स ऑस्मोसिस एक ____________ प्रक्रिया है।

ए)। जल शोधन

बी)। ठंडा

सी)। वातानुकूलन

डी)। जल अशुद्धता

Q 84. अपशिष्ट जल को बाहर निकालने के लिए सभी मृत सिरों पर _________ प्रदान किए जाते हैं।

ए)। ब्लो-ऑफ वाल्व

बी)। पानी निकलने की टोंटी

सी)। प्लग मुर्गा

डी)। सूई छिद्र

Q 85. निम्नलिखित आकृति ____________वाल्व को दर्शाती है।

ए)। गेंद

बी)। बॉल चेक

सी)। वायु राहत

डी) एयर इनलेट

Q 86. _____________ जल वितरण प्रणाली पुराने शहरों के लिए उपयुक्त है जहां सड़कों का कोई निश्चित पैटर्न नहीं है।

ए)। पेड़

बी)। रेडियल

सी)। जाल

डी) अंगूठी

Q 87. ___________ ड्रेनेज सिस्टम में, वॉशबेसिन, सिंक, बाथ और WC कचरे से सभी कचरे को एक ही बड़े बोर वर्टिकल सिस्टम में डाला जाता है।

ए) सिंगल स्टैक

बी) आंशिक रूप से हवादार सिंगल स्टैक

सी) एक पाइप

डी) दो पाइप

Q 88. यदि जल निकासी प्रणाली में चूषण दबाव विकसित होता है तो इनमें से क्या होता है?

ए) प्रेरित साइफ़ोनेज

बी) बैकप्रेशर

सी) जाल

डी) स्व-साइफनेज

Q 89. सेसपूल के संबंध में निम्नलिखित में से कौन सा कथन सत्य नहीं है?

ए) यह अपशिष्ट जल का उपचार करता है

बी) यह अपशिष्ट जल एकत्र करता है

सी) यह जमीनी स्तर से नीचे स्थित है

D) यह एक मैनहोल से ढका होता है

Q 90. एक अवरुद्ध शौचालय को अक्सर __________ का उपयोग करके साफ किया जाता है।

ए) कूपर का प्लंजर

बी) पंप सवार

सी) सिंक प्लंजर

डी) पावर प्लंजर

Q 91. आकृति में दिखाए गए पंप के प्रकार की पहचान करें:

ए) रोटरी पंप

बी) पारस्परिक पंप

सी) केन्द्रापसारक पम्प

डी) बूस्टर पंप

Q 92. अक्षीय प्रवाह केन्द्रापसारक पंप _________ प्रवाह और _________ दबाव की विशेषता है।

ए) उच्च, निम्न

बी) उच्च, उच्च

सी) कम, कम

डी) कम, उच्च

Q 93. पंप से फंसी हुई हवा को निकालने और उसे पूरी तरह से पानी से भरने की प्रक्रिया क्या है?

ए) प्राइमिंग

बी) आवरण

सी) दोहन

डी) बूस्टिंग

Q 94. निम्नलिखित में से किस विकल्प का प्रतीक नीचे दर्शाया गया है?

ए) पाइप नीचे गिर जाता है

बी) वॉटर हीटर बंद

सी) पाइप बदल जाता है

डी) साफ करें

Q 94. इनमें से कौन विशेष रूप से आग लगने की स्थिति में पानी के पाइप में दिया जाने वाला आउटलेट है?

ए) फायर हाइड्रेंट

बी) स्टॉपकॉक

सी) पानी का मीटर

डी) स्कोअर वाल्व

Q 95. पोस्ट हाइड्रेंट जमीनी स्तर से ऊपर _______________ प्रक्षेपित रहता है।

ए) 60 सेमी-90 सेमी

बी) 10 सेमी -25 सेमी

सी) 20 सेमी- 50 सेमी

डी) 100 सेमी-150 सेमी

Q 96. MSP एक संक्षिप्त नाम है जिसका प्रयोग ___________ के लिए किया जाता है।

ए) मुख्य मिट्टी पाइप

बी) मिनी मिट्टी पाइप

सी) मेगा मृदा पाइप

डी) प्रमुख मिट्टी पाइप

Q 97. निम्नलिखित में से कौन सा ट्रैप की वांछनीय संपत्ति नहीं है?

ए) सफाई में जटिलता

बी) चिकनी आंतरिक सतह

सी) स्वयं सफाई

डी) नाली के साथ ठीक करना आसान

Q 98. किसी पिंड की ऊष्मा क्षमता ____________ में व्यक्त की जाती है।

ए) जूल प्रति केल्विन

बी) जूल केल्विन

सी) जूल प्रति सेकंड

डी) जूल प्रति किलोग्राम

Q 99. गर्म पानी वाले गिलास की बाहरी सतह भी गर्म होती है। इसका कारण है______________।

ए) चालन

बी) संवहन

सी) विकिरण

डी) फैलाव

Q 100. निम्नलिखित में से कौन सा पाइप आपके घर में पानी के बोर्ड से मुख्य आपूर्ति को जोड़ता है?

ए) सर्विस पाइप

बी) संचार पाइप

सी) आपूर्ति पाइप

डी) सक्शन पाइप

क्यू 101. केंद्रीय हीटिंग सिस्टम में, डायवर्टर वाल्व ____________________।

ए) बॉयलर से रेडिएटर में बहने वाले गर्म पानी को स्विच करता है

बी) गर्म पानी की टंकी को गर्म करता है

सी) गर्मी की आवश्यकता होने पर बॉयलर चालू कर देता है

डी) क्रमादेशित चयन प्रदान करता है

क्यू 102. सील बंद रोडवेज में, पाइप बिछाने के लिए न्यूनतम खाई की गहराई ____________ होनी चाहिए।

ए) 750 मिमी

बी) 1000 मिमी

सी) 450 मिमी

डी) 300 मिमी

प्रश्न 103. जहां एक सीवर लाइन सड़क या नाले को पार करती है, उसे ____________ से गुजरना चाहिए।

ए) आरसीसी पाइप

बी) एल्यूमिनियम पाइप

सी) पीवीसी पाइप

डी) जीआई पाइप

Q 104. दिए गए चित्र में ________________ मूत्र को दर्शाया गया है।

ए) गर्त

बी) मंजिल घुड़सवार

सी) बाल्टी

डी) पी-जाल के साथ लटका दीवार

Q 105. जल उपचार की विधि जिसमें सघन आपत्तिजनक तत्व आसानी से अलग होने के लिए बेसिन के तल पर जमा हो जाते हैं, ___________ है।

ए)। छानना

बी)। अवसादन
सी)। तनाव
डी)। स्थापना

Level 2 Answer Key

Question No.	Option	Question No.	Option	Question No.	Option
1	B	44	C	87	A
2	C	45	D	88	A
3	D	46	C	89	A
4	B	47	B	90	A
5	B	48	B	91	A
6	C	49	D	92	A
7	B	50	C	93	A
8	D	51	A	94	A
9	B	52	C	95	A
10	A	53	B	96	A
11	C	54	D	97	A
12	C	55	D	98	A
13	B	56	C	99	A
14	D	57	D	100	A
15	D	58	B	101	A
16	D	59	B	102	A
17	C	60	B	103	A
18	D	61	A	104	A
19	B	62	C	105	B
20	D	63	B		
21	C	64	A		
22	C	65	A		
23	B	66	C		

24	A
25	C
26	C
27	A
28	D
29	A
30	A
31	D
32	C
33	C
34	A
35	A
36	C
37	A
38	B
39	D
40	C
41	B
42	B
43	A

67	A
68	A
69	A
70	A
71	A
72	A
73	A
74	A
75	A
76	A
77	A
78	A
79	A
80	A
81	A
82	A
83	A
84	A
85	A
86	A

www.ingramcontent.com/pod-product-compliance
Ingram Content Group UK Ltd.
Pitfield, Milton Keynes, MK11 3LW, UK
UKHW021918190726
13853UKWH00002B/726

9 798888 692424